实战电商

教育部中等职业教育专业技能课立项教材

U0854002

中等职业教育
实战型
电子商务系列教材

网店客服

（第二版）

主　编　廖　刚　何青好　陈唯宏
副主编　宁铁娜　赵　雁　胡　玮
参　编　蔡琳琳　陈晓波　陈月霞
谷　芳　李建军　梁惠连
廖锦花　刘梦珍　秦　斌
邵淑仪　谭文茹　吴丹丹
邬建彬　叶玉华　郑敏玲
赖心映

在线答疑　习题试卷　PPT课件　电子教案

中国人民大学出版社
· 北京 ·

图书在版编目（CIP）数据

网店客服/廖刚，何青好，陈唯宏主编．--2版
．--北京：中国人民大学出版社，2021.9
教育部中等职业教育专业技能课立项教材
ISBN 978-7-300-29253-3

Ⅰ.①网… Ⅱ.①廖… ②何… ③陈… Ⅲ.①电子商
务—商业服务—中等专业学校—教材 Ⅳ.①F713.36

中国版本图书馆CIP数据核字（2021）第060852号

教育部中等职业教育专业技能课立项教材
中等职业教育实战型电子商务系列教材
网店客服（第二版）
主　编　廖　刚　何青好　陈唯宏
副主编　宁铁娜　赵　雁　胡　玮
参　编　蔡琳琳　陈晓波　陈月霞　谷　芳　李建军　梁惠连　廖锦花　刘梦珍
　　　　秦　斌　邵淑仪　谭文茹　吴丹丹　邬建彬　叶玉华　郑敏玲　赖心映
Wangdian Kefu

出版发行　中国人民大学出版社
社　　址　北京中关村大街31号　　**邮政编码**　100080
电　　话　010－62511242（总编室）　010－62511770（质管部）
　　　　　010－82501766（邮购部）　010－62514148（门市部）
　　　　　010－62515195（发行公司）　010－62515275（盗版举报）
网　　址　http://www.crup.com.cn
经　　销　新华书店
印　　刷　天津中印联印务有限公司
规　　格　185mm×260mm　16开本　　**版　　次**　2015年7月第1版
印　　张　12　　　　　　　　　　　　　　　2021年9月第2版
字　　数　286 000　　　　　　　　**印　　次**　2022年11月第3次印刷
　　　　　　　　　　　　　　　　　　定　　价　34.00元

前言

本书自2015年7月出版以来，得到了广大读者的支持和认可，这是对我们最大的肯定。从2015年到2021年，我国电子商务行业经历了跨越式的发展，场景化的内容营销日趋普及，电子商务营销手段也越来越丰富，电子商务专业的同学是否也要更新一下自己的知识结构呢？答案是肯定的。基于此，本次修订主要从以下三个方面进行完善：

第一，知识数据更契合前沿。本书内容更加符合移动互联网时代及全球化电子商务运营的现实场景，能为读者提供更多更新的知识和技能参考。

第二，产教融合更突出实用性。本书在实操层面借鉴了校企合作企业的实践经验，一线教师加上一线客服，使内容更具有条理性和实用性。

第三，配套资源更符合需要。本书立足于中职电子商务专业教学，每个项目配备知识拓展、课后练习题和PPT课件等，充分满足“做中学、学中做”的教学需求。

本书在内容上采用项目式编排，以职场新人美仪应聘网店客服岗位为导入，分九个项目介绍网店客服岗位的相关知识。项目一“了解和应聘网店客服”，介绍一名优秀的网店客服所需具备的素质和技能，为后续项目的开展打下基础；项目二“网店客服入职培训”，主要介绍网店客服对企业文化的认同及应当具备的心态和素质等知识；项目三“使用电子商务平台及客服工具”，着重介绍淘宝网和千牛工作台的使用；项目四“储备专业知识”，介绍网店客服应当全面了解和认识的商品知识、价值等；项目五“掌握沟通技能”，主要介绍有效接待客户的技巧，包括掌握客户心理、应对讨价还价等内容；项目六“售前服务”，内容涵盖商品咨询、推荐销售、大宗批发等；项目七“售中服务”，主要介绍催单技巧及查询、修改订单等操作；项目八“售后服务”，主要介绍售后服务的内容及如何处理纠纷、回访客户；项目九“客户关系管理”，主要介绍客户关系管理的工具和具体实施方法等。

本书由中山市现代职业技术学校廖刚、何青好、陈唯宏主编，在编写过程中也得到了多家兄弟学校和校企合作企业的积极支持。具体分工如下：项目一由何青好、陈唯宏编写，项目二由廖刚、胡玮编写，项目三由吴丹丹、陈月霞编写，项目四由廖锦花、郑敏玲编写，项目五由邵淑仪编写，项目六由叶玉华、李建军编写，项目七由刘梦珍、邬建彬、谭文茹编写，项目八由梁惠连、陈晓波、谷芳编写，项目九由蔡琳琳、秦斌编写。宁铁娜、赵雁、赖心映负责编制本书配套的教学资源。

本书在修订过程中得到了中山市晖达办公设备有限公司的大力支持，不仅安排一线客服人员参与修订工作，还提供了宝贵的数据资源和操作经验供编者参考借鉴。另外，本书也借鉴了网经社等多个网站的数据，在此一并表示感谢！

电子商务行业发展日新月异，加之编者水平有限，书中难免有不足之处，恳请广大读者批评指正！

编者

2021年7月

目 录

项目一

了解和应聘网店客服

项目介绍

脱贫摘帽一年后，江西寻乌以“客服第一县”之名焕然一新。2020 年 7 月 22 日，在阿里巴巴助力寻乌脱贫攻坚与乡村振兴重点项目签约仪式上，政企合作共建的“寻乌客服县”项目正式签约。

“客服县”是新型冠状病毒肺炎疫情后阿里巴巴在寻乌首创的政企合作就业模式，因其带动人才回流，提供家门口的就业机会，促进农产品上行、县域经济繁荣而广受欢迎。阿里巴巴计划用三年时间，在全国建设 100 个“客服县”，让更多的小镇青年从单纯的数字化生活的参与者，成为数字经济的建设者和受益者。

在淘宝网上，一个年销售额约为 1 000 万元的电商企业约有 10 个客服，平均每个客服能够创造 100 万元左右的流水额。在不影响客户体验的情况下，一个熟练的客服可以同时和 20 位左右的客户沟通，而行业内最高水平能达到 90 人！这个令人惊叹的数字说明网店客服已成为电商企业的核心竞争力之一。

学习目标

知识目标：

1. 了解网店客服的含义；
2. 理解网店客服的价值；
3. 了解网店客服的需求现状；
4. 了解网店客服所需要的知识和技能。

能力目标：

1. 能正确认识网店客服的价值；
2. 能通过相关渠道了解网店客服的需求现状；
3. 掌握网店客服所需要的知识和技能。

任务一 了解网店客服

任务导入

美仪是某中职学校的电子商务专业学生，借着学校举办专业讲座的机会，她与一位正在一家大型电子商务公司任职网店客服的师姐交流，了解到如今网店客服的需求量非常大，工资待遇优厚，而且有提成，做得好还能升职，这让她对网店客服这个职业产生了兴趣。听完讲座后，美仪通过一些电子商务交易平台和电子商务数据分析平台了解了不少关于网店客服的知识，为应聘网店客服做好了准备。

任务实施流程

访问淘宝大学→查找网店客服资源→了解网店客服

知识链接

一、网店客服的含义

网店客服即网店客户服务，是指在电子商务活动中，充分利用各种通信工具特别是即时通信工具（如阿里旺旺），为客户提供相关服务。与传统行业不同，网店客户服务多数是在不与客户直接面对面接触的情况下进行的，服务难度和复杂度较传统行业要大。网店客服对网络有较高的依赖性，所提供的服务一般包括客户答疑、促成订单、店铺推广、完成销售、售后服务等方面。

二、网店客服的价值

美国权威的客户服务研究机构美国论坛公司投入数百名调查研究人员，用近 10 年的时间对全美零售、信用卡、银行、制造、保险等 14 个行业的近万名客户服务人员和这些行业的客户进行了细致深入的调查研究，发现一个可以有效衡量客户服务质量的 RATER 指数。RATER 由五个英文单词的首字母构成，分别代表 reliability（信赖度）、assurance（专业度）、tangible（有形度）、empathy（同理度）、responsiveness（反应度）。客户对于企业的满意程度直接取决于 RATER 指数的高低，RATER 指数同样适用于线上企业。网店客服对于企业的价值主要体现在以下 6 个方面，如图 1-1 所示。

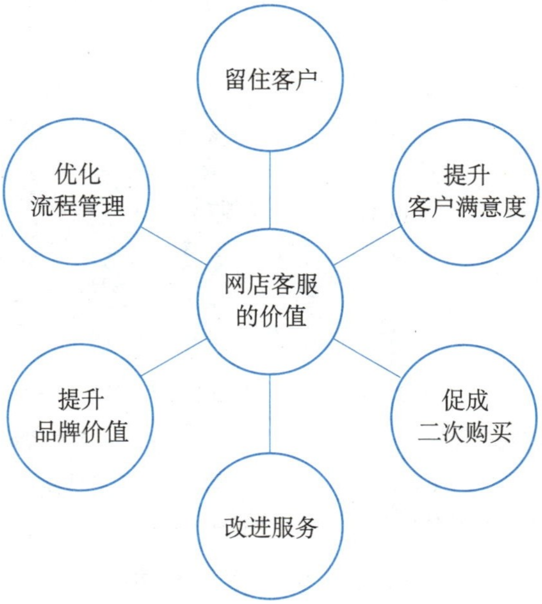

图 1－1　网店客服的价值

1. 留住客户

快速响应、真诚专业的客服是网店留住客户的重要法宝。客户在商品和店铺基本服务中得到满足，成交是自然而然的事情。

2. 提升客户满意度

较高的 RATER 指数能够为客户带来高于预期的购物体验，提升客户满意度。在电商领域，有些行业甚至是三分商品、七分服务，足见客服的重要性。

3. 促成二次购买

无论是传统线下业务还是新零售，推广费用都是企业成本的一项大支出。提高客户信赖度、有效发掘老客户从而促成二次消费或重复消费，有助于降低电商的推广成本、提高利润率。

4. 改进服务

随着电商运营的深入，千篇一律的店铺服务流程已经不能满足客户的需求。工作在一线岗位的客服能够及时收集客户的需求以改进服务质量，也能适时、适度地为客户提供更多的贴心服务。

5. 提升品牌价值

规范、完整的客服体系，不仅能把合格的商品销售出去，还能通过全方位的客户服务（售前导购、售中跟进、售后服务、客户关怀等）将口碑价值融入品牌之中。

6. 优化流程管理

客户的需求是客户服务首先要解决的问题，也是指导网店优化流程管理的风向标，网店客服恰恰是连接客户与店铺的桥梁。

三、网店客服的需求现状

国家统计局电子商务交易平台调查显示，2019 年全国电子商务交易额达 34.81 万亿元，比2018年增长6.7%。2011—2019年中国电子商务交易额如图1-2所示。

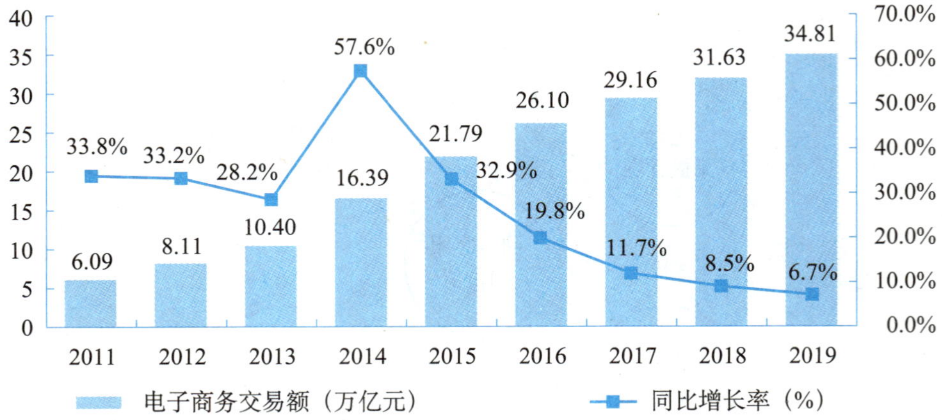

图1-2　2011—2019年中国电子商务交易额

（数据来源：商务部电子商务和信息化司《中国电子商务报告2019》）

国家统计局数据显示，2019年全国网上零售额达10.63万亿元，比2018年增长16.5%。其中实物商品网上零售额为8.52万亿元，增长19.5%，占社会消费品零售总额的比重为20.7%，对社会消费品零售总额增长的贡献率达45.6%。2011—2019年中国网上零售额如图1-3所示。

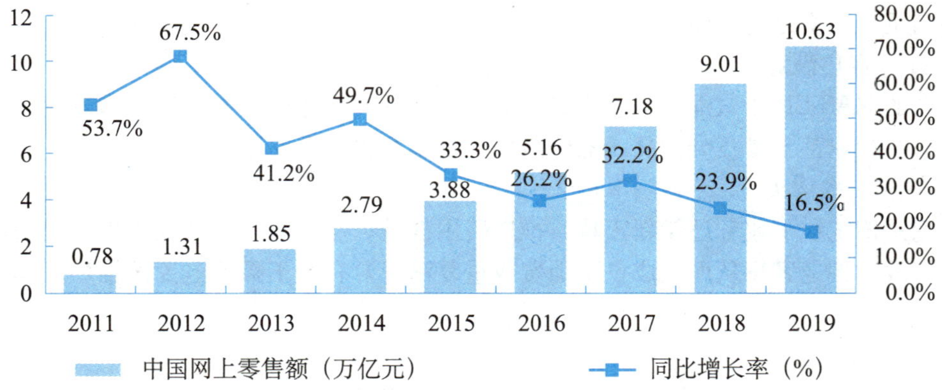

图1-3　2011—2019年中国网上零售额

（数据来源：商务部电子商务和信息化司《中国电子商务报告2019》）

电子商务与实体经济融合发展加速，带动了更多人从事电子商务行业。据电子商务交易技术国家工程实验室、中央财经大学中国互联网经济研究院测算，2019年中国电子商务从业人员达5 125.65万人，同比增长8.29%。其中电子商务直接吸纳就业和创业人数达3 115.08万人，电子商务带动信息技术、相关服务及支撑行业就业人数达2 010.57万人。2014—2019年中国电子商务就业规模如图1-4所示。

网经社电子商务研究中心与赢动教育共同发布的《2019年度中国电子商务人才状况调查报告》显示，八成电商企业存在人才缺口状况，未来一年近三成电商企业有大规模招聘计划。从图1-5可以看到，2019年被调查企业中47%的企业急需新媒体、内容创作、社群方向人才；44%的企业急需淘宝、天猫等传统运营人才；35%的企业急需主播（助

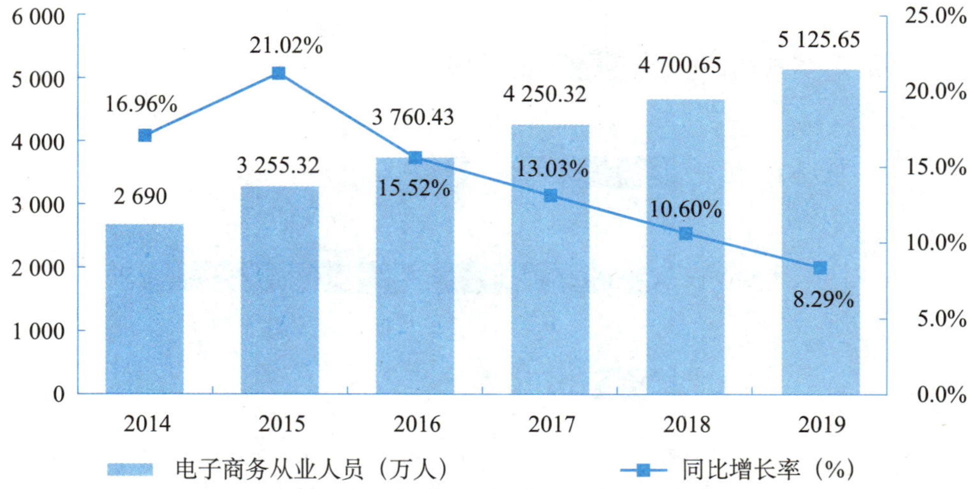

图 1-4　2014—2019 年中国电子商务就业规模

（数据来源：商务部电子商务和信息化司《中国电子商务报告 2019》）

理）、网红达人方向人才；32%的企业急需客服、地推、网销等方向人才；30%的企业急需专业数据分析与应用人才。

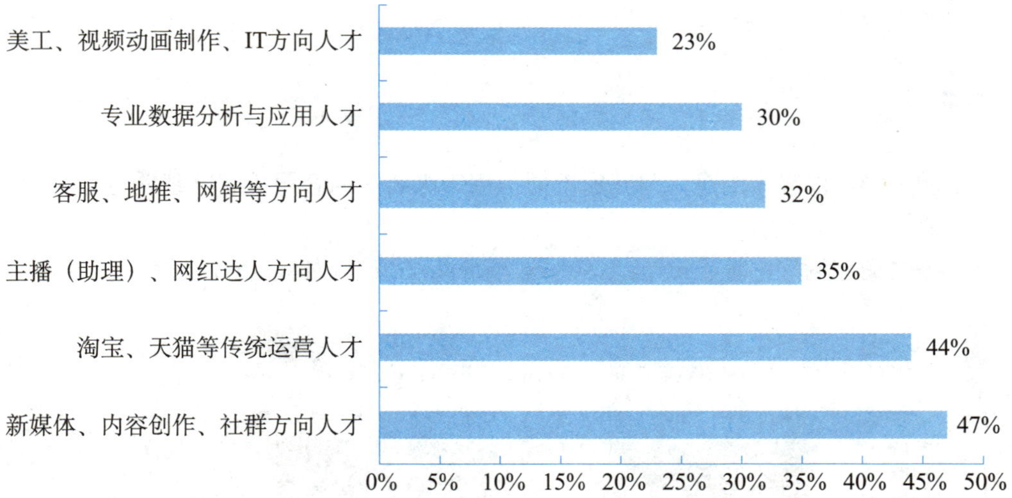

图 1-5　2019 年电商企业最急需人才情况

（数据来源：网经社与赢动教育《2019 年度中国电子商务人才状况调查报告》）

电商是一个变化快、实践性要求比较高的行业，有持续学习能力的人有更多的机会。如图 1-6 所示，2019 年被调查企业中，电商企业对员工的基本学历要求：中专水平占 9%；大专水平占 59%；本科生水平占 13%；学历不重要，关键看能力占 19%。

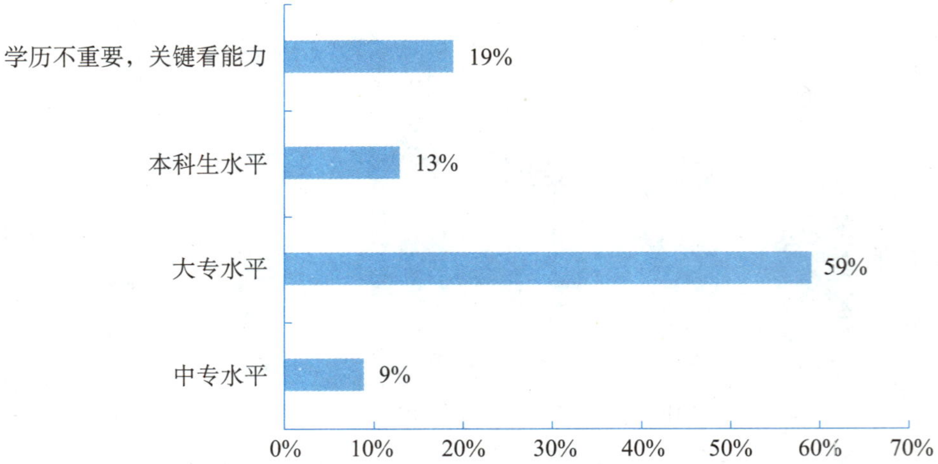

图 1 - 6　2019 年电商企业对员工学历要求

（数据来源：网经社与赢动教育《2019 年度中国电子商务人才状况调查报告》）

小思考

网店客服的重要性体现在哪里？

任务实施

登录淘宝网，以客户的身份与几家不同信用等级店铺的客服进行在线沟通，体会网店客服的重要性。

（1）登录淘宝网（网址：http：//www. taobao. com），如图 1 - 7 所示。

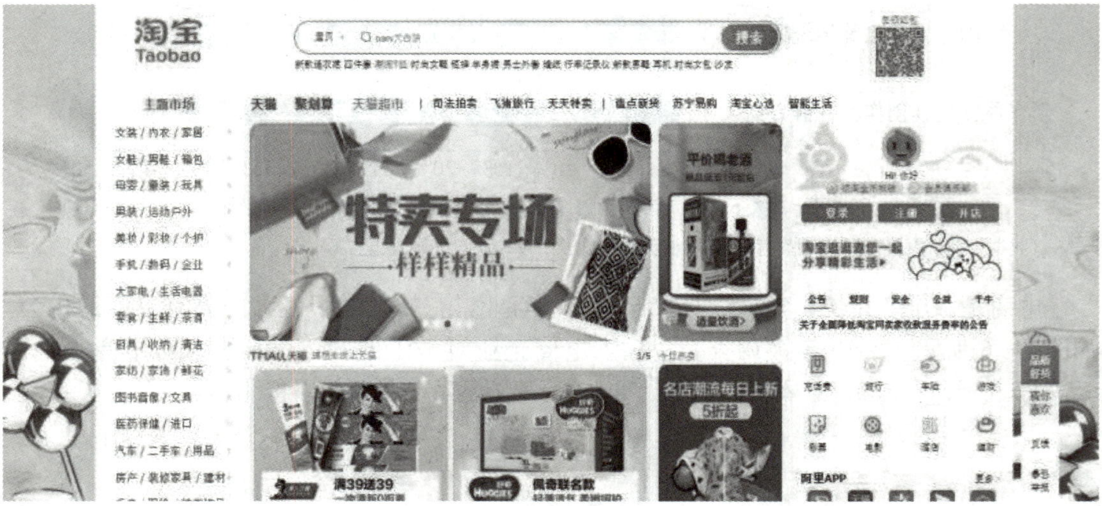

图 1 - 7　淘宝网首页

（2）搜索“硒鼓”，出现的页面如图 1 - 8 所示。

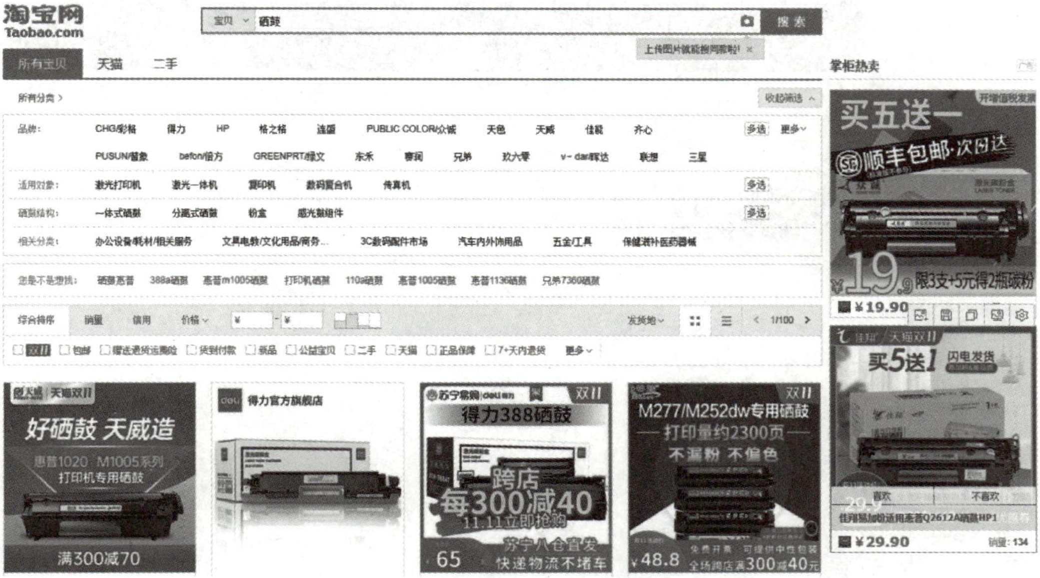

图 1-8　“硒鼓”搜索页面

（3）单击你感兴趣的商品页面，尝试与客服进行沟通。

1）打开商品页面（如图 1-9 所示），找到客服联系标志，点击进入客服联系页面（如图 1-10 所示），尝试就商品的属性、优惠、售后等信息进行咨询。

图 1-9　天猫商城某旗舰店的商品页面

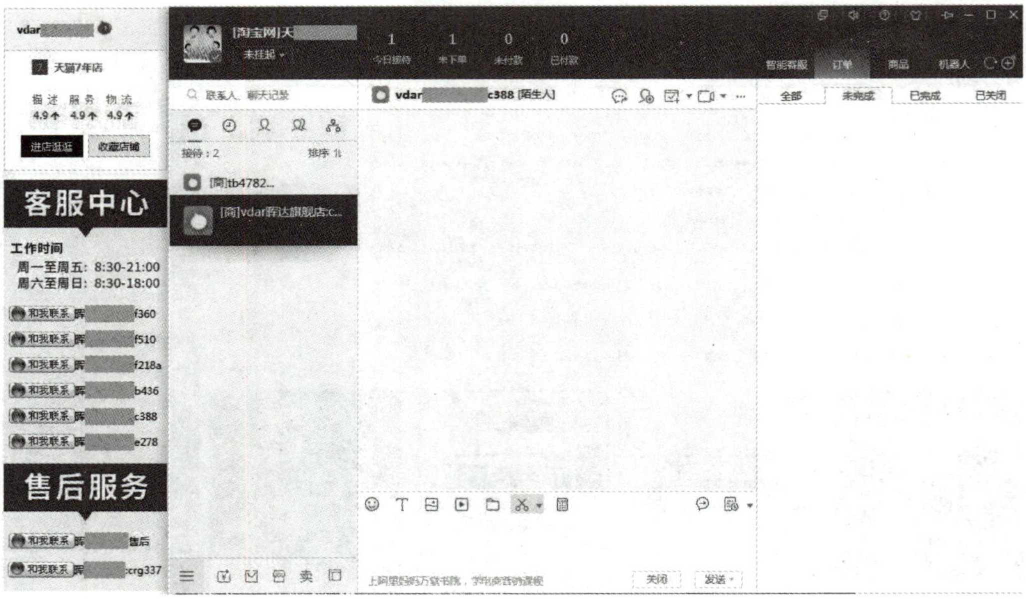

图 1－10　天猫商城某旗舰店的客服联系页面

2）重复上一步的操作，多找几家店铺进行体验。例如：图 1－11 所示为淘宝网某店铺的商品页面，图 1－12 所示为与该店铺客服进行沟通的页面。

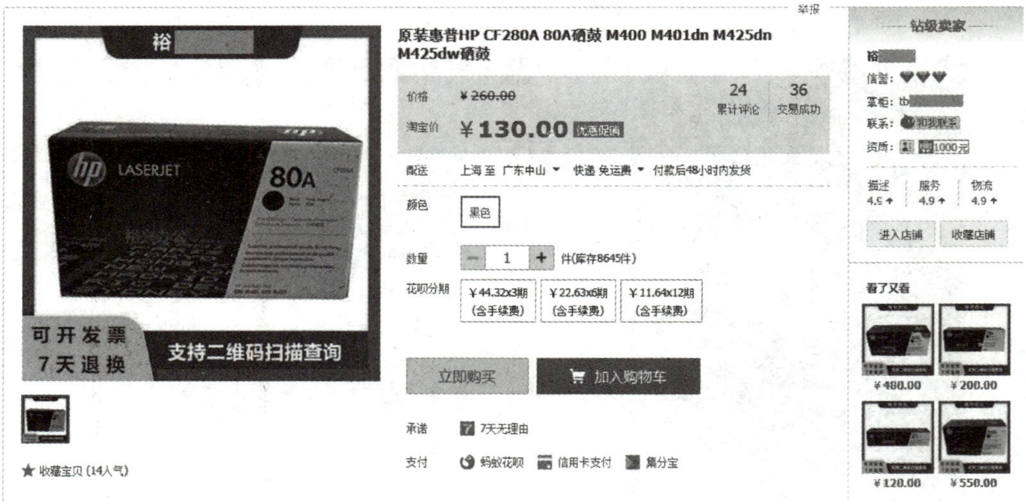

图 1－11　淘宝网某店铺的商品页面

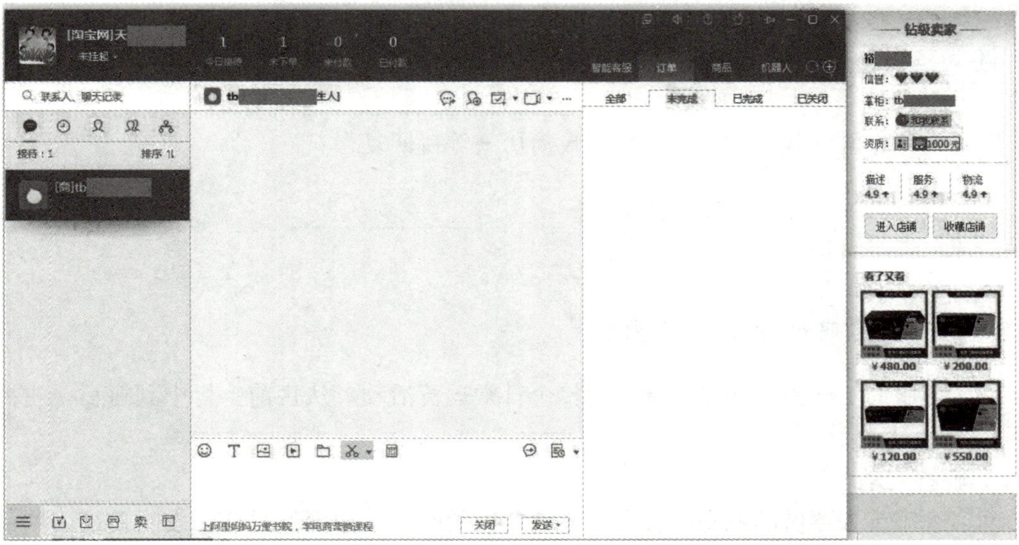

图 1-12　与淘宝网某店铺客服进行沟通的页面

注意观察，我们会发现：规模较大的店铺（如天猫商城、淘宝网的皇冠店铺等）的客服体系较为完善，岗位分工较细，划分为售前、售后等部门，如图 1-10 所示；而一些规模较小、信用较低的店铺，客服和店主往往是同一个人，如图 1-12 所示。

（4）总结客服的工作。通过与多位客服的沟通，你会发现不同店铺客服的服务水平不尽相同，请将你了解到的客服的工作情况填在表 1-1 中。

表 1-1　客服工作情况记录表

	店铺名称	信用等级	响应时间	交流内容	服务态度	客服的作用和重要性
1						
2						
3						
4						
5						

任务二　应聘网店客服

任务导入

了解了网店客服的价值和需求后，美仪对这个岗位越来越向往。但是，电商企业的招聘要求具体是怎样的呢？自己能否符合企业的需要？美仪决定到专业的电子商务招聘网站去试试。

任务实施流程

登录淘工作网→找一份客服工作→投简历→等待回复

知识链接

一、网店客服的主要工作内容

网店客服的工作内容涵盖了网店的整个日常运营活动，从售前、售中到售后，主要有以下几个方面。

1. 解答问题

网店客服首先要做的就是解答客户各种各样的问题，如商品材质、发货速度、物流运费、订购说明等，这需要极大的耐心。

2. 讨价还价

以低价购买高性价比的商品是很普遍的消费心理，哪怕便宜了1元钱，客户都会有成就感。网店客服要做到的是既遵守企业的规定（绝不降价、合理降价或其他优惠），又能使客户满意，这是一门需要修炼的艺术。

3. 提高销量

销售是一门艺术，网店客服除了要耐心地解答、机智地回复之外，还要进行适当的关联营销或建议销售，通过客单价的提高来获得更高的销售额和利润。

4. 处理问题

除了常规的接待工作外，网店客服还经常会遇到各种突发事件，如客户投诉、大宗购买、急单、客户态度恶劣等，这些都需要妥善处理。

5. 客户关系管理

客户关系管理往小处着手就是对客户的情感维系。有研究表明，开发一个新客户的成本是维护住一个老客户的6倍。越来越多的企业意识到客户关系管理的重要性。在某些特殊的日子（如促销前夕）提前跟客户打个招呼，或者给点优惠，会让客户感觉很温暖。这是一种情感的延续，也许还会给企业带来回报。

二、网店客服需要具备的知识

一名合格的网店客服，首先，要具备良好的心态，用积极和诚恳的态度接待客户；其次，要认同企业的文化、品牌的价值，熟悉企业的商品资料和活动情况；最后，要熟悉商品交易平台的操作方法和规则等。

三、网店客服需要具备的技能

除了相关知识外，网店客服还要掌握一定的操作技能，才能顺利完成各项工作。首先，打字速度要在60字/分钟以上，大多数人经过练习都是可以达到这个水平的；其次，要学会运用客户沟通工具，学习沟通技巧，以促进交易、化解矛盾和发掘潜在客户。

小任务

寻找一份网店客服工作。

任务实施

(1) 登录淘工作网（网址：https：//www.alizhaopin.com/index.htm），如图 1 - 13 所示。

图 1 - 13　淘工作网首页

(2) 进入职位页面，如图 1 - 14 所示。

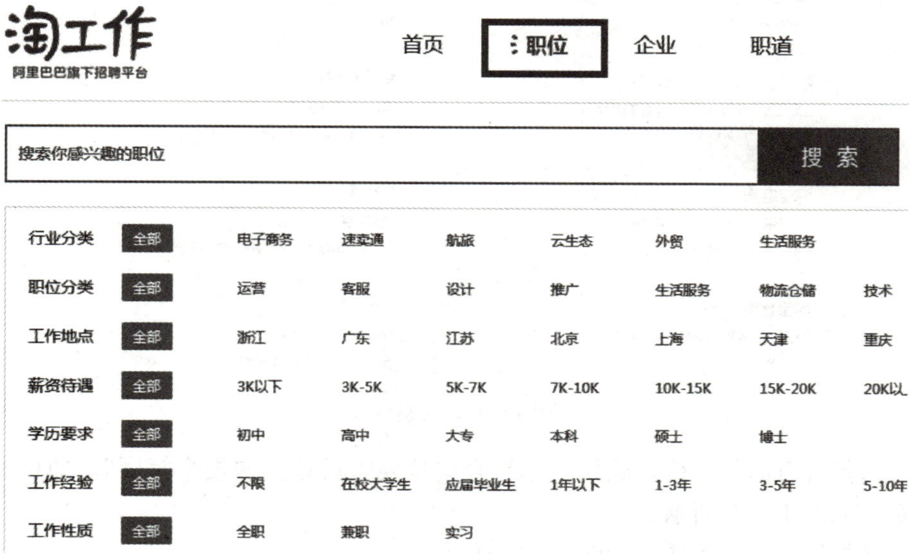

图 1 - 14　职位页面

（3）按照自己的兴趣和意愿设置搜索工作的条件，如图 1－15 所示。

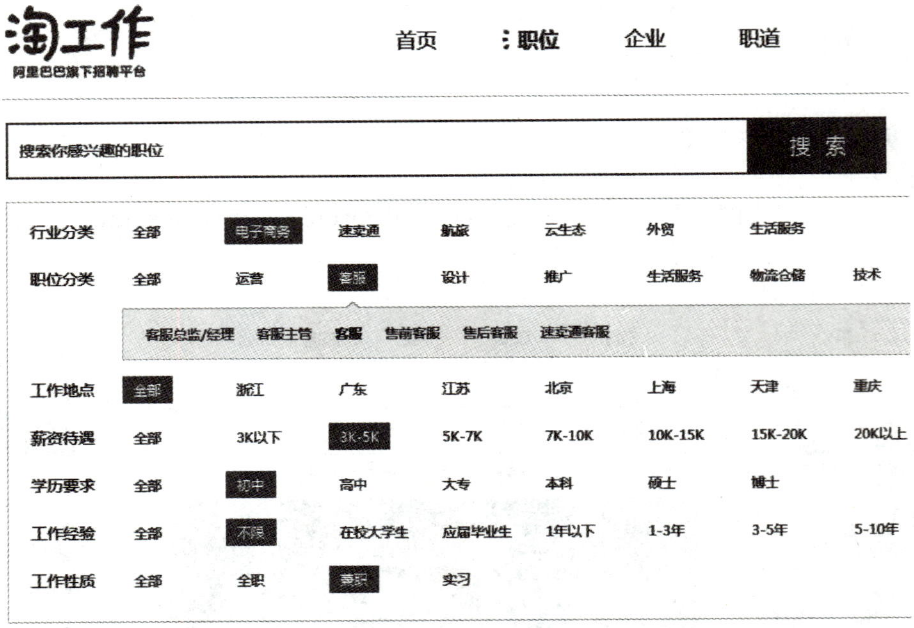

图 1－15　设置搜索工作的条件

（4）对搜索结果（如图 1－16 所示）进行筛选。

图 1－16　搜索结果

（5）选择有意向的岗位，确认自己符合岗位要求后单击“投个简历”，即可进入我的求职主页，如图 1－17 所示。

（6）选择简历进行投递，如图 1－18 所示。

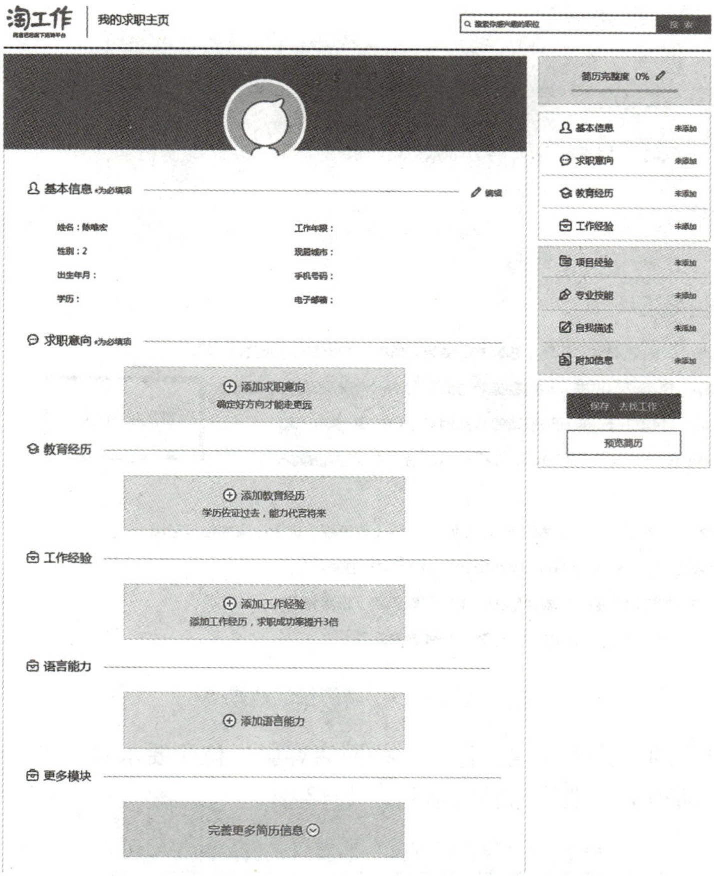

图 1－17　我的求职主页

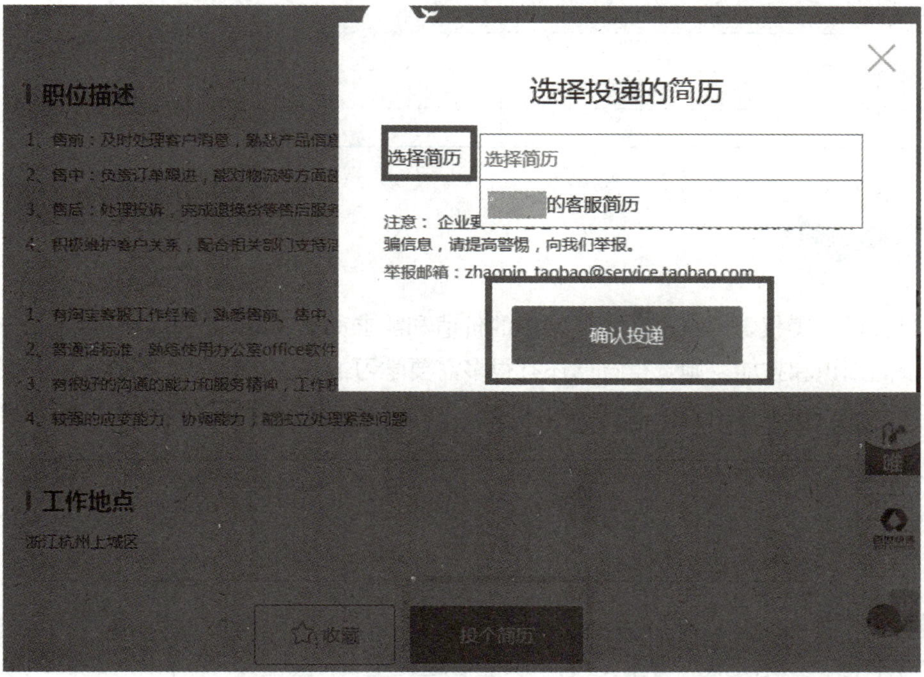

图 1－18　投递简历

（7）简历投递结果如图 1－19 所示。

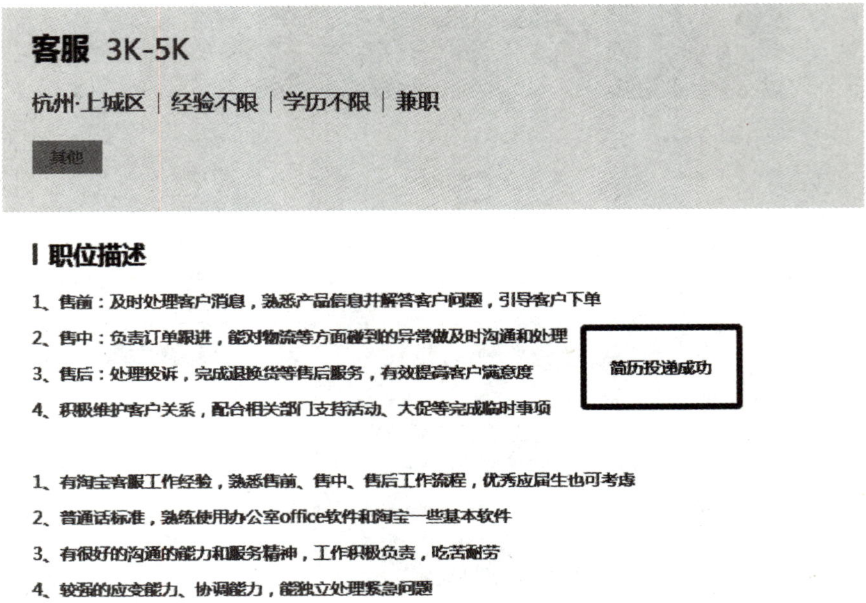

图 1－19 简历投递成功

（8）通过自己的寻找和匹配，你对一些网店客服岗位所要求具备的知识和技能应当有所了解了，现在动动笔，把你的发现填到表 1－2 中。

表 1－2 网店客服岗位所要求具备的知识和技能

序号	岗位名称	主要职责	需要具备的知识	需要具备的技能
1				
2				
3				
4				
5				

项目总结

经过尝试，美仪觉得自己对网店客服的价值和需求都有了基本的了解，但是对于网店客服所要求的知识和技能，她觉得自己还有很多需要学习的地方。她下定决心要找一份网店客服的实习工作，在工作实践中好好学习，掌握一名优秀的网店客服应具备的素养和技能。

知识拓展

淘宝教育

淘宝教育是阿里巴巴集团旗下核心教育培训部门，是一个线上线下多元化、全方位的电商学习平台。无论是淘宝掌柜、电商从业者还是电商企业主，都可以通过在线学习平台学习一线实战卖家分享的各类干货内容。淘宝教育主要提供四个模块的教育课程：

（1）新手开店：天猫新店、淘宝新店、店铺选品、新品破零。

（2）日常运营：整店运营、活动运营、运营规则、客户服务。

（3）爆款运营：免费流量、运营付费、流量运营、短视频运营、爆款运营、直播运营。

（4）每日直播：流量爆款、新鲜观点、实操带教、逛逛创作。

在“新手开店”和“日常运营”课程模块，有较多关于网店客服的培训课程，客服新人可合理利用资源，提升自身素养，实现更高价值。

巩固练习

1. 什么是网店客服？
2. 网店客服的价值体现在哪些方面？
3. 网店客服的工作内容主要有哪些？
4. 网店客服需要掌握什么知识和技能？

项目二

网店客服入职培训

项目介绍

对于一名刚刚入职的新人来说，是否认同企业文化、如何融入企业、如何明确自身职责是决定其能否成为一名金牌客服的关键。

本项目将以电子商务专业学生美仪的入职培训为例，带你学习相关的理论知识和操作技能。

学习目标

▶ 知识目标：

1. 了解企业文化的含义；
2. 了解网店客服的职业价值观；
3. 了解企业的组织架构。

▶ 能力目标：

1. 能正确认识企业文化；
2. 能了解企业的组织架构并明确网店客服的职责；
3. 具备一名网店客服应具备的各种素质。

任务一　认同企业文化

任务导入

美仪通过网上求职在某知名品牌公司电子商务中心找到了一份客服的实习工作。面对一个全新的工作环境，美仪有些不知所措：对新公司不是很了解，对自己的工作岗位职责也不是很明确，该从何处入手呢？美仪正困惑之际，公司通知她参加为期一周的岗前培训。

任务实施流程

访问公司主页→认识企业文化→树立正确的职业价值观

知识链接

一、企业文化的含义

企业文化的基本架构包括经营哲学、价值观念、团队精神、道德标准、团队意识、对外形象、制度规范、文化理念、使命目标等一系列的要素，如图 2－1 所示。

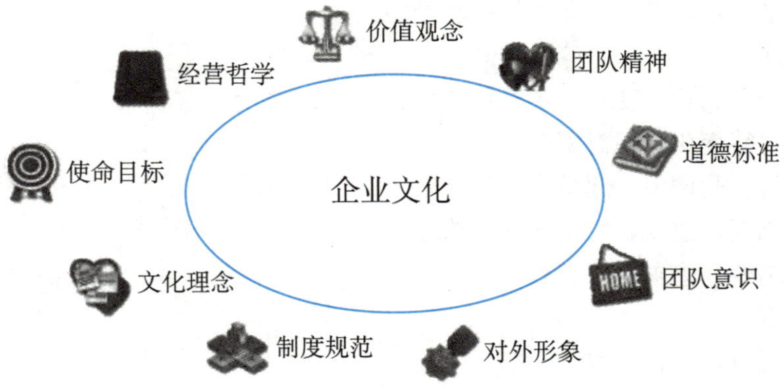

图 2－1　企业文化的组成要素

(1) 经营哲学通常指企业在经营或服务上的定位及主张，如“以服务为本”是很多企业宣传时经常表达的一个理念。

(2) 价值观念是指企业在处理一些人和事的时候秉承的判断标准，如“客户是上帝”“客户永远是正确的”“客户第一”等。

（3）团队精神就是指一个团队在精神状态、战斗力、凝聚力等方面所呈现出来的风貌。只有乐观积极、团结向上的团队，才可能具有超强的战斗力。

（4）道德标准是衡量一个人道德高尚的标尺，我们在日常生活中会遵循一些约定俗成的道德规范，如什么是真善美、什么是假恶丑、什么是崇高的表现、什么是可耻的言行。企业通常会将这些道德规范提炼出来形成全体员工共同遵守的道德标准。

（5）团队意识就是鼓励员工要有大局观和奉献精神，必要时应该牺牲个人的利益、顾全大局。

（6）企业的对外形象是通过其推崇的经营哲学、价值观念、团队精神、社会责任等所体现出来的外在形象。企业家本人作为企业的代言人，其言行也在一定程度上代表着企业的外在形象。

（7）没有规矩不成方圆。企业通常会制定一些制度规范来管理和约束员工的日常行为，这些制度规范包括考勤制度、奖惩标准、激励机制等。

（8）企业的文化理念是企业所形成的具有自身特点的经营宗旨、价值观念和道德行为准则的综合。

（9）使命目标是企业的远景目标，也是其今后努力和发展的方向。

二、网店客服的职业价值观

1. 服务为本，以客为尊

（1）以客为尊，维护企业形象。

（2）换位思考，确保有效沟通。

（3）增强服务意识，苦练接待技巧。

2. 团结协作

（1）富有团队精神，愿意帮助和配合同事。

（2）积极发表建设性的意见，并用言行配合。

（3）乐于助人，主动分享业务知识和经验。

3. 求实创新

（1）适应企业的日常变化，不抱怨。

（2）理性对待变化，诚意配合。

（3）能进行自我调整，起带头作用。

（4）敢于创新，建立新方法、新思路。

（5）提高绩效，追求自我突破。

4. 诚实守信

（1）诚实正直，言行一致。

（2）反馈意见要客观、直接。

（3）不传播未经证实的消息。

（4）勇于承认错误，敢于承担责任。

5. 开拓进取

（1）热爱本职工作，认同本企业文化。

（2）顾全大局，不计较个人得失。

(3) 积极乐观，自我激励，努力提升业绩。
(4) 永不放弃，不断寻求突破。
(5) 不断挑战更高的目标。
6. 务实敬业
(1) 严格遵守工作流程，避免重复错误。
(2) 持续学习，干工作以结果为导向。
(3) 通过有效的时间管理来合理安排工作。
(4) 不墨守成规，勇于改革。
淘宝网员工的职业价值观（见图 2-2）被称为“六脉神剑”。

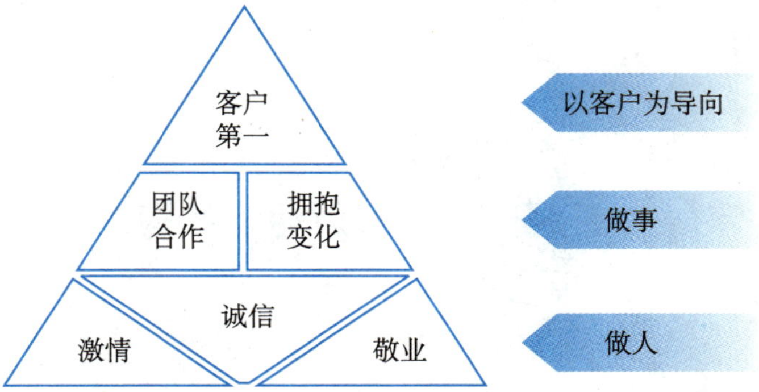

图 2-2 淘宝网员工的职业价值观

小思考

美仪刚入职某知名品牌公司的电子商务中心，应如何认同企业文化、培养职业价值观呢？

任务实施

(1) 登录一个你感兴趣的电商公司官网，了解该电商公司的品牌文化、企业文化等，并将相关情况填写在表 2-1 中。

表 2-1 企业文化调查表

公司名称	
核心精髓	
企业价值观	
企业精神	
企业宗旨	
企业使命	
企业愿景	
企业口号	
企业目标	

（2）关注该电商公司的新媒体阵地（官方微博或微信公众号等），随时掌握公司动态。

（3）请结合网店客服的职业价值观，谈谈你对以下事件的看法。

淘宝网店铺老板赶末班飞机送货上门

重庆的孙女士因公司办活动急需礼品，而当地的商家库存不足，所以临时决定在淘宝网上采购。她最终在淘宝网某店铺购买了100盒茶叶，并与位于上海的卖家约定24小时到货。不料，快递公司称飞机临时减运，要推迟送货，这令孙女士焦急万分。让孙女士做梦都没有想到的是：该店铺老板和一名员工带着100盒茶叶，从浦东机场赶末班飞机深夜赴渝，于次日清晨将茶叶送达孙女士公司门口。为表示歉意，店主还多送了10盒茶叶。更富有戏剧性的是：在快递公司把货送到后，店主直接把货带回了上海，称不用买家操心，他们会处理。

任务二 了解组织架构

任务导入

了解了公司的企业文化，明白了作为一名客服应有的职业价值观后，美仪还不清楚公司的组织架构，也不是很明白自己的岗位职责。面对即将开启的客服工作，美仪还应做好哪些准备工作呢?

任务实施流程

登录公司主页→了解公司组织架构→明确自己的岗位职责

知识链接

一、组织架构培训

每一家公司都有自己的组织架构，员工上岗之前必须了解本公司的组织架构、部门和岗位设置，知道自己的工作将与哪些部门、哪些岗位的同事有业务上的配合。

网络销售与传统销售的岗位设置有所不同，网络销售的岗位设置采用的是各岗位各司其职、团队配合的经营管理模式，如图2-3所示。

有些公司除了零售以外，也有分销业务，因此还会设一个分销管理团队。分销管理团队也是由多个岗位构成的，通常不再另外招聘商品拍摄人员和美工，这部分工作交由零售

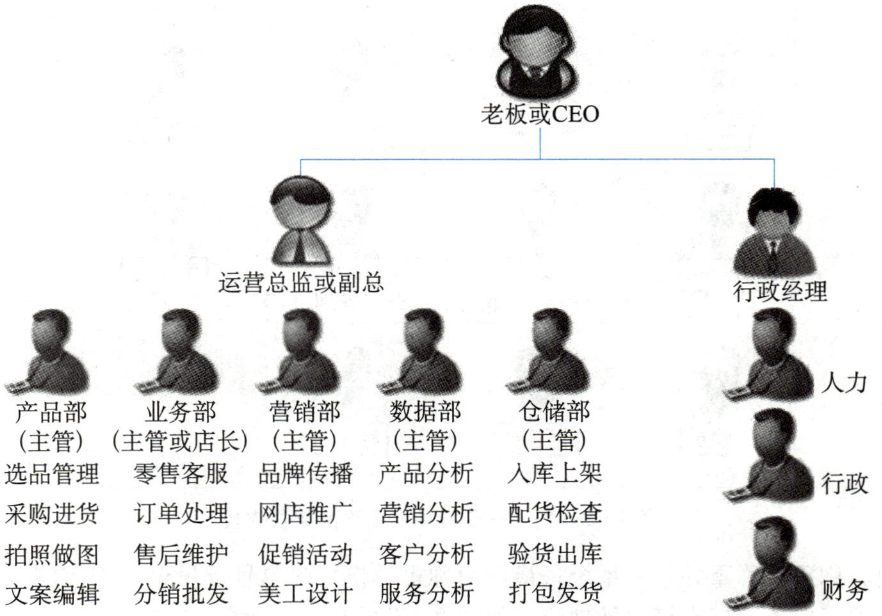

图 2-3　网络销售的岗位设置及职能

团队的相关部门去完成，但分销的营销策划通常会由专人负责，并跟营销部的相关人员进行对接。分销运营的团队架构如图 2-4 所示。

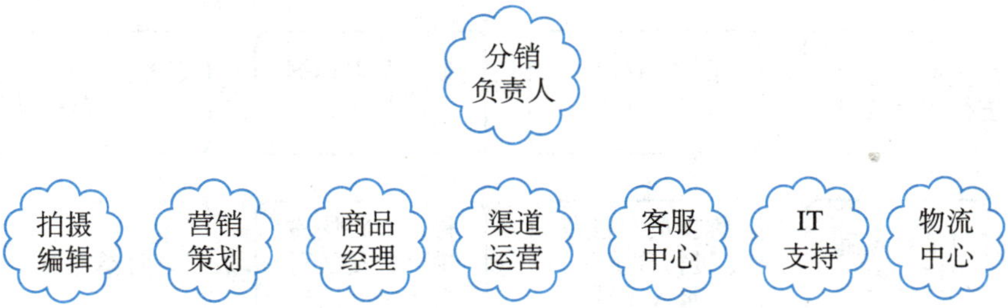

图 2-4　分销运营的团队架构

对公司的组织架构有充分的了解，就会知道什么事该找什么部门、哪些工作是哪些人在负责；一旦有工作上的需要，就可以直接联系相关同事，尽快处理问题。

二、工作流程培训

处理一个订单说起来很简单，从流程上来分就是售中和售后，但实际上涉及的人员是很多的，如店长、客服、审单员、财务人员、制单员、产品经理、仓库管理员、配货员、校验员、打包员、称重员，有些是一人多岗，有些岗位已经被机器或软件代替了，比如扫描枪已经代替了校验员一职。处理一个订单所需要的岗位人员如图 2-5 所示。

一个标准订单的处理，从订单生成开始，销售客服就要对买家要求进行备注；订单一旦提交到进销存系统以后，审单员需要对订单进行审核，看地址是否详尽、商品编号是否齐全、有无缺货等；财务人员核实付款后，制单员即开始打印订单并登记快递单号；制单员登记以后，交给配货员拣货；校验员逐个核对订单，检查是否有错发、漏发等，再由打

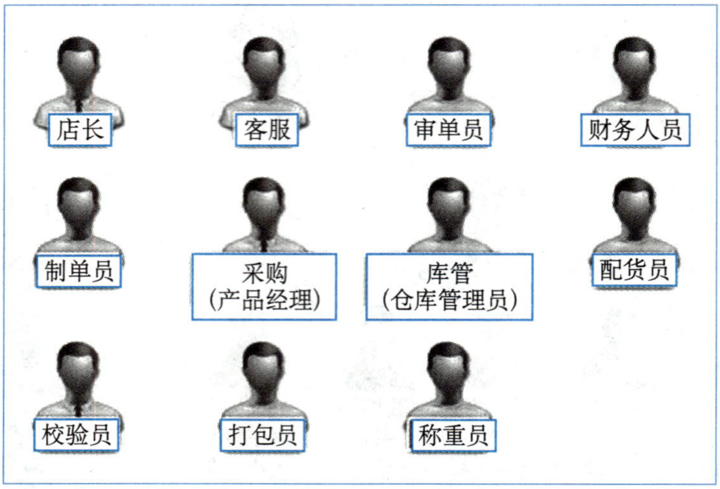

图 2-5 处理一个订单所需要的岗位人员

包员打包、称重员称重并录入系统；最后由称重员将快递单号批量录入淘宝网后台，这个订单就处理完成了。标准订单处理流程如图 2-6 所示。

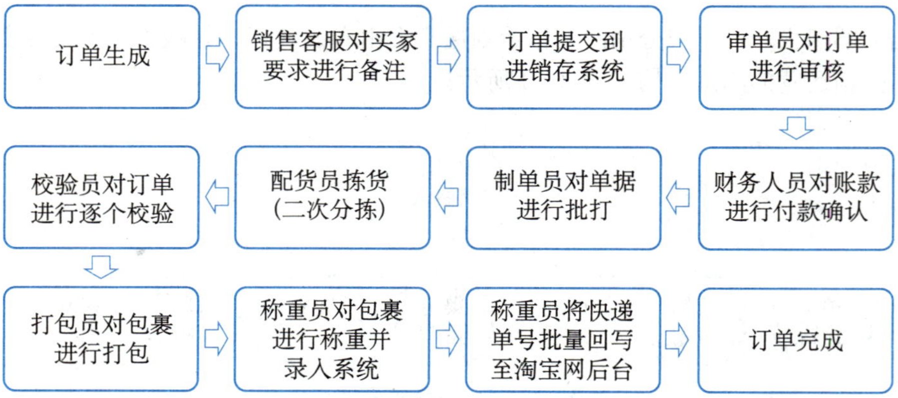

图 2-6 标准订单处理流程

非生产型企业通常还有采购订单处理流程，如图 2-7 所示。采购由产品部负责，并不是销售客服的职责范围，因此，我们只做简单了解即可。

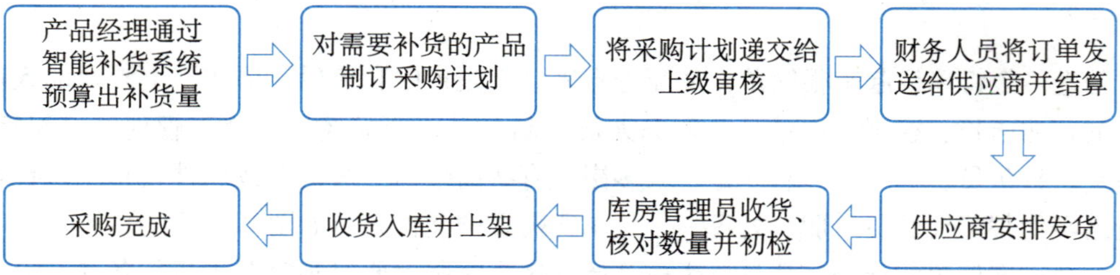

图 2-7 采购订单处理流程

三、网店客服岗位职责

网店客服的岗位职责如下：

（1）收集客户信息，了解并分析客户需求，规划客户服务方案。

（2）进行有效的客户管理和沟通。

（3）定期或不定期进行客户回访，以检查客户关系维护的情况。

（4）发展和维护良好的客户关系。

（5）组织公司产品的售后服务工作。

（6）建立客户档案、质量跟踪记录等售后服务信息管理系统。

（7）及时跟踪货品发货动向，及时与客户沟通，尽量使客户满意。

小思考

一个订单的生成会涉及哪些岗位？这些岗位你都熟悉吗？作为一名网店客服人员，需密切联系哪些岗位？

任务实施

（1）请列举处理一个订单需要涉及的岗位人员。

（2）请将下列各岗位与对应的部门名称连线。

客服人员	产品部
配货员	营销部
推广专员	仓储部
财务人员	业务部
采购员	数据部

任务三　形成客服的基本素质

任务导入

美仪在了解了公司的组织架构后，对自己的岗位职责也有了一个清晰的定位，但对于一名合格的网店客服应具备哪些基本素质还不太了解：自己平时为人处世的方式在工作中行得通吗？有没有哪些需要特别注意和改善的地方呢？

任务实施流程

了解网店客服应具备的基本素质→针对自身特点进行调整→力求完全具备各项基本素质

知识链接

一名合格的网店客服应该具备一些基本的素质，包括心理素质、品格素质、技能素质及其他综合素质等。

一、心理素质

网店客服应具备良好的心理素质，因为在客户服务过程中需要面对各种压力、挫折，没有良好的心理素质是不行的。具体如下：

（1）要有“处变不惊”的应变能力。

（2）要有面对挫折、打击的承受能力。

（3）要有情绪的自我掌控及调节能力。

（4）要有满负荷情感付出的支持能力。

（5）要有积极进取、永不言败的良好心态。

二、品格素质

（1）忍耐与宽容。

（2）热爱企业，热爱岗位。一名优秀的网店客服人员应该对其所从事的客户服务工作充满热情，忠诚于企业，兢兢业业地做好每件事。

（3）有谦和的态度，这是赢得客户的重要保证。

（4）不轻易承诺，说了就要做到，“言必信，行必果”。

（5）有博爱之心，真诚对待每一个客户。

（6）勇于承担责任。

（7）有强烈的集体荣誉感。

（8）热情、主动的服务态度。

（9）有良好的自控力。客户服务是一项服务工作，要有一个好的心态来面对工作和客户，客户服务人员的心情好了也会感染客户。毕竟互联网上形形色色的人都有，有容易沟通的，也有不容易沟通的；遇到不容易沟通的客户，就要控制好自己的情绪，耐心地解答，有技巧地应对。

三、技能素质

（1）有良好的文字和语言表达能力。

（2）有高超的语言沟通技巧和谈判技巧。只有具备这样的素质，才能让客户接受你的产品，才能在与客户的讨价还价中获得优势地位。

（3）有丰富的专业知识。一定要了解自己所销售产品的专业知识，否则就无法保证第一时间解答客户对产品的疑问。

（4）有丰富的行业知识及经验。

（5）有熟练的专业技能。

（6）有敏锐的感受力。只有这样，才能清楚地知道客户购买心理的变化，才可以有针对性地对其进行引导。

（7）具备良好的沟通能力。良好的沟通是促成交易的必备要素之一。不管是交易前还是交易后，都要与客户保持良好的沟通，这样不但可以顺利地完成交易，还有可能将新客户发展为回头客，成为自己的老客户。

（8）具备专业的客户服务电话接听技巧。

（9）具备良好的倾听能力。

四、其他综合素质

（1）具有“客户至上”的服务理念。

（2）具有独立处理工作的能力。

（3）具有对各种问题的分析解决能力。

（4）具有人际关系的协调能力。

小思考

你认为自己适合做一名网店客服吗？要想成为一名合格的网店客服，你还有哪些方面需要加强？

任务实施

（1）案例分析：以下对话是客户在收到货后作出的反馈以及客服的回复。

客户：衣服试过了，我穿 S 码肩部比较窄，里面只能穿薄一点的衣服，想换大一码的，但是衣袖会长一些，颜色我很喜欢。

客服：那您其实可以定做，9 900 元/件，我们会请厂里最高级别的样衣师傅给您专门定做一件大尺码、短衣袖、只属于您一个人的西装！

你认为该客服的回复合适吗？请结合网店客服应具备的基本素质，谈谈该客服的回复违反了哪些方面的客服素质要求。

（2）参照网店客服的基本素质要求，将自身的情况与之一一对应，找出优势与不足，明确自己需要努力的方向。

项目总结

通过岗前培训，美仪了解到认同公司的企业文化是非常重要的，只有自己认同了公司的企业文化，在与客户的交流中才能让客户信任公司、信任产品；同时，要树立正确的职业价值观，根据公司的组织架构找准自己的位置、明确自己的职责，并按网店客服必备的素质来要求自己。美仪已经充分具备了成为一名合格网店客服人员的基本条件，接下来就要实战操作了。

知识拓展

网店客服必不可少的沟通技巧

在淘宝网上，不管店铺是钻石、皇冠还是其他表明信用级别的标识，都只是一个符号，真正要建立信任还需要买卖双方的有效沟通。这就需要将沟通的艺术运用到网店经营的每个细节中。比如网店客服与客户进行沟通时，客服的打字速度只解决了效率问题，还需要注意服务态度，有经验的客服一般不会直接粘贴快捷回复，而是会加上一些个性化的表情、语气词等，这样可以让客户感觉亲切些。而一个拥有扎实的专业知识和良好的沟通技巧的客服，还可以给客户提供更多的购物建议，更全面地解答客户的疑问，更快速地对客户的售后问题给予反馈，从而更好地为客户服务。

巩固练习

1. 单项选择题

(1) 淘宝网客服是通过（　　）跟客户交流的。

A. QQ　　　　B. 邮件

C. 阿里旺旺或千牛　　　　D. MSN

(2) 客服的服务宗旨是（　　）。

A. 有客户来问就进行解答，没有客户来问就自顾自做别的事情

B. 高兴的时候什么都可以跟客户说，心情不好的时候客户来了也不搭理

C. 让每位客户感受到热情的服务，尽量满足客户的要求

D. 只负责回答客户提出的相关问题，其他一概不理

(3) 客户收到货后觉得颜色不喜欢而要求退货，店铺参加了“7 天无理由退换货”，客服此时的处理方式是（　　）。

A. 以无质量问题不得退货为由拒绝客户

B. 要求客户承担寄出运费

C. 要求客户承担寄回运费

D. 告知客户需保证产品不影响二次销售才能办理退货

(4) 在处理售后纠纷时，客服不能说的是（　　）。

A. 这个不属于我们的问题，我们不能负责

B. 你的货被快递公司遗失了，请找快递公司索赔

C. 退的货你没填单号，导致退款速度慢，这不是我们的错

D. 以上都是

(5) 客服不可以直接拒绝客户的各种要求，只能用婉转的方式说明拒绝理由。（　　）

A. 正确　　　　B. 错误

(6) 客服在与客户交流时，客户不肯承担运费，客服的处理方式是（　　）。

A. 威胁客户，让其承担运费

B. 告知客户退换货的相关规则，与客户协商运费问题

C. 如果客户不承担运费就不给予办理退换货服务

D. 让客户以到付的方式寄回

2. 简答题

(1) 网店客服的职业价值观包括哪几个方面？

(2) 网店客服职业价值观中的“诚实守信”包括哪几个方面的内容？

(3) 网店客服应具备哪些基本素质？

(4) 网店客服需具备怎样的心理素质？

(5) 网店客服需具备哪些技能素质？

项目三

使用电子商务平台及客服工具

项目介绍

网店客服的基本工作，不管是售前、售中还是售后，都离不开电子商务平台及基本工具的使用。在实际应用中，使用基本工具的能力往往是考核一名网店客服技能水平的重要指标。

本项目以淘宝网为例，详细介绍了电子商务平台及其交易规则，千牛软件的使用以及如何提高打字速度等。通过学习本项目，可以为后面的技能学习打下基础。

学习目标

▶ 知识目标：

1. 了解电子商务平台；
2. 了解电子商务平台交易规则；
3. 掌握千牛软件的使用；
4. 掌握文字录入的方法。

▶ 能力目标：

1. 理解电子商务平台交易规则；
2. 熟练使用千牛软件进行客服工作；
3. 提高录入水平。

任务一 了解电子商务平台（淘宝网）

任务导入

网店客服可能要运用不同的电子商务平台进行服务，不同的电子商务平台，其操作稍微有些差异，但基本流程差别不大。为了尽快了解电子商务平台，美仪选择了人气最旺的电子商务平台——淘宝网。

任务实施流程

了解电子商务平台→登录淘宝网→了解淘宝网的服务

知识链接

一、电子商务平台简介

电子商务平台是企业或个人开展网上交易洽谈的平台。按照建立平台的主体分类，可以分为两类：一类是企业自己建立的独立的从事电子商务的平台，如海尔商城、联想官方商城等；另一类是专门提供给企业或个人进行交易洽谈，而自身不参与交易的第三方电子商务平台，如阿里巴巴网站、环球资源网、敦煌网、天猫商城、淘宝网、拍拍网等。不同的电子商务平台，功能和提供的服务不尽相同。一般来说，电子商务平台有下面几个主要的功能：

(1) 企业形象宣传。打造和树立企业的品牌、形象，是企业利用网络媒体开展业务的基本出发点。这是电子商务平台非常重要的一个功能。

(2) 产品和服务项目展示。这是电子商务平台基本且十分重要的一个功能，企业利用网络媒体进行产品和服务的推广，可以增加一个很有效的营销渠道。

(3) 产品和服务订购。这个功能可以让用户在线磋商、在线预订等，实现全天候的即时交易。

(4) 网上支付。客户和商家之间可采用第三方支付工具、银联卡等进行支付，在互联网上直接采用电子支付手段可省去交易过程中很多人员的开销，这是实现网上交易的最关键的一个功能。

(5) 信息搜索与查询。当网站可供客户选择的产品和服务以及发布的信息越来越多时，通过逐页浏览来获取信息的方式就无法满足客户快速获得信息的需求了，信息搜索与查询功能可以使客户在电子商务数据库中轻松快捷地找到需要的信息。

（6）交易管理。互联网上的交易管理涉及人、财、物，包括企业和企业、企业和客户、企业内部等各方面的协调与管理。因此，交易管理是涉及电子商务活动全过程的管理。

（7）新闻发布、供求信息发布。这个功能包括新闻的动态更新、新闻的检索和热点问题追踪，以及行业信息、供应信息、需求信息的发布等。

二、淘宝网简介

由阿里巴巴集团于 2003 年 5 月 10 日投资创办的淘宝网，是目前亚洲最大的网络零售平台。随着规模的扩大和用户数量的增加，淘宝网也从单一的 C2C 网络集市变成了包括 C2C、团购、分销、拍卖等多种电子商务模式在内的综合性零售商圈。下面主要从淘宝网首页、我的淘宝和卖家中心三方面来介绍淘宝网。

1. 淘宝网首页

网站首页是信息最集中的页面，淘宝网也不例外。淘宝网首页提供了各种服务功能的入口，示例如图 3－1 所示。

（1）会员登录和辅助功能的入口。网站导航的各类入口，如余额宝、淘工作等都在这里。

（2）搜索区域。买家在这里可以通过关键字搜索，快速找到需要的商品和店铺信息等。

（3）“天猫”“聚划算”“天猫超市”“司法拍卖”等快捷入口。虽然天猫商城是独立的电子商务平台，有独立的域名地址（www.tmall.com），但是不少买家还是习惯从淘宝网首页进入天猫商城购物。

（4）主题市场。淘宝网所有的商品都按照这里的关键字设置，分别放进相应的类目里，方便买家选购。

（5）钻石展位促销活动区。一共有五个轮播的海报图，第一个和第五个是淘宝网官方活动海报图，中间三个是卖家的宣传海报。这个区域是首页最醒目的展示位置，是最热门的广告区，目前是各企业竞相抢购的最佳媒体位置。

（6）“领淘金币抵钱”“会员俱乐部”的快捷入口。淘宝会员一旦登录淘宝网，就会及时看到醒目的交易提醒，可以快速进入“我的淘宝”进行交易管理。

（7）网站公告栏。淘宝网的重大新闻，新规则、新功能和新服务的推出，公益活动的宣传等都放在这一区域。

（8）便民服务区。包括充话费、车险、彩票、理财等便民服务。

（9）天猫商城的活动宣传区和品牌推广区。这个区域会定期推荐一些品牌商，帮助企业打造网货品牌，也会推出天猫商城的各种活动。

（10）有好货、每日好店、淘宝直播、特色好物、热卖单品等，如图 3－1 中的⑩～⑭所示。

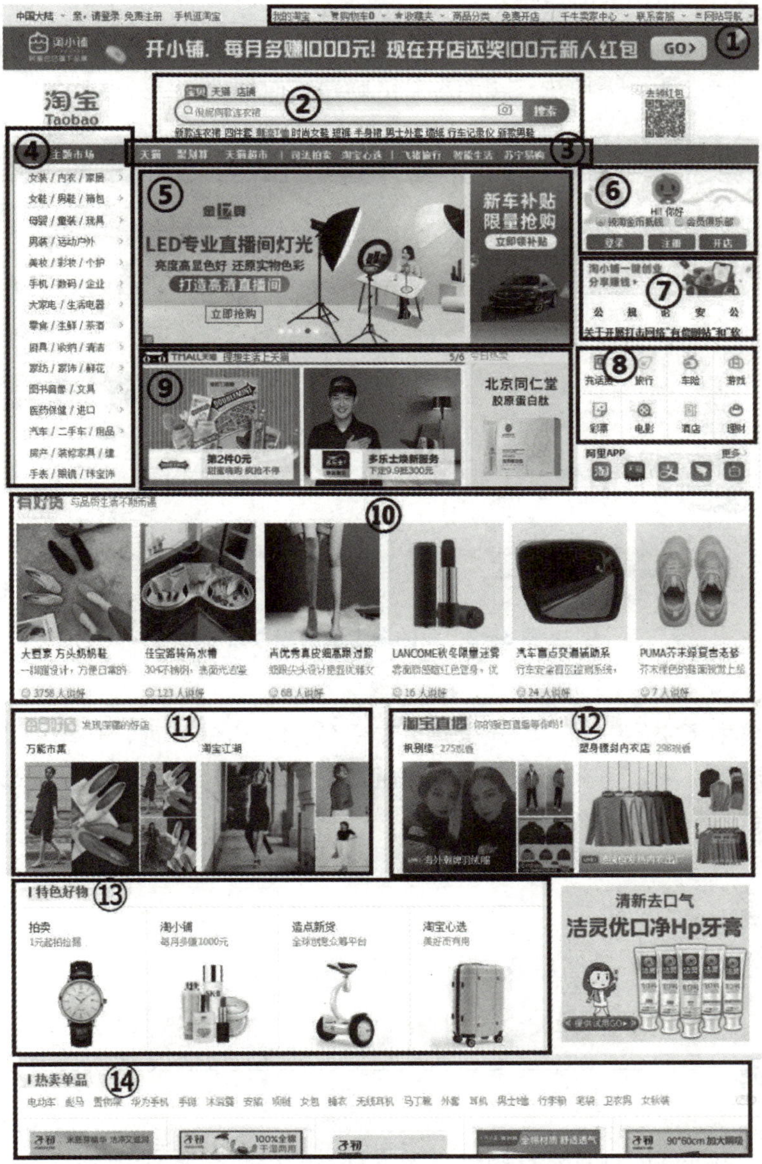

图 3－1 淘宝网电脑端首页示例

出于对用户体验和商家促销方面的考虑，淘宝网首页不时会有新版推出，布局和内容都有相应的调整和更新。目前，淘宝网首页的布局更利于买家快速购买商品，也为卖家进行各种促销宣传提供了更多的资源，集成了更多的服务功能，让有不同需求的人都能在首页迅速找到服务及其入口。

2. 我的淘宝

我的淘宝相当于会员中心，是一个总控制室，集合了众多的快捷入口，买家可以从这里快速进入每个管理项目，大大提高了操作效率。

在我的淘宝页面，可以查看“我的购物车”“已买到的宝贝”“我的收藏”等，还可以进行评价管理、退款维权、账户设置等。在我的淘宝页面上，买家可以一目了然地看到自己近期的交易情况，可以及时跟进待付款、待收货、待评价的一些订单。我的淘宝页面可以直达许多便民服务，如手机、点卡、机票等，目前还新增了提醒功能，可以选择不同日期、新增提醒事项，非常人性化。我的淘宝电脑端页面如图 3－2 所示。

图 3－2　我的淘宝电脑端页面

3. 卖家中心

卖家中心集中了交易管理、物流管理、宝贝管理、店铺管理、货源中心、营销中心、软件服务、客服服务等，还有支付宝、全球速卖通、淘工作、阿里巴巴快捷入口，卖家可以免登录快速进入相应的网站来查看。

小任务

了解手机淘宝的各项功能。

任务实施

（1）打开手机淘宝的首页进行浏览，了解首页的结构，然后填写图 3－3 中各序号区域所代表的服务。

①________　②________　③________

④________　⑤________　⑥________

⑦________　⑧________　⑨________

⑩________　其他功能：________

（2）登录手机淘宝，进入我的淘宝页面（见图 3－4），了解手机淘宝为买家提供了哪些服务。

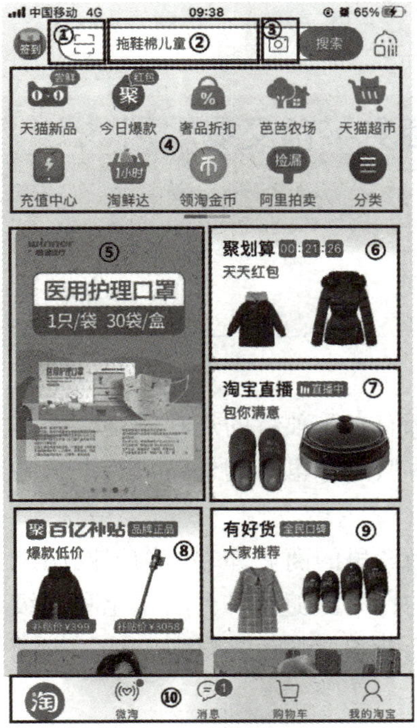

图 3-3　手机淘宝的首页

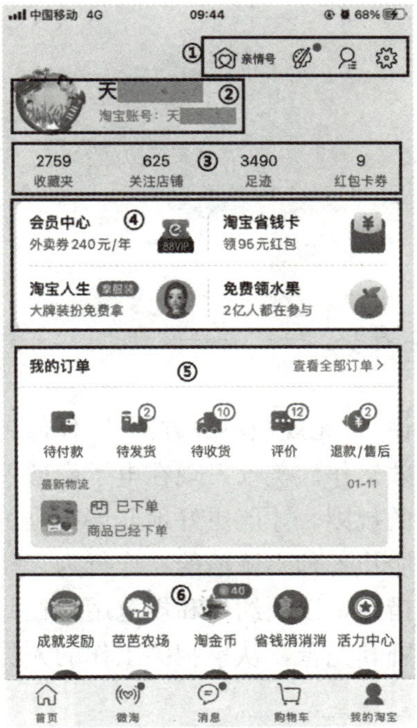

图 3-4　手机淘宝中“我的淘宝”页面

我的淘宝提供的服务：

___

___

___

（3）登录天猫商家卖家中心页面（见图 3-5），了解卖家中心的服务功能。

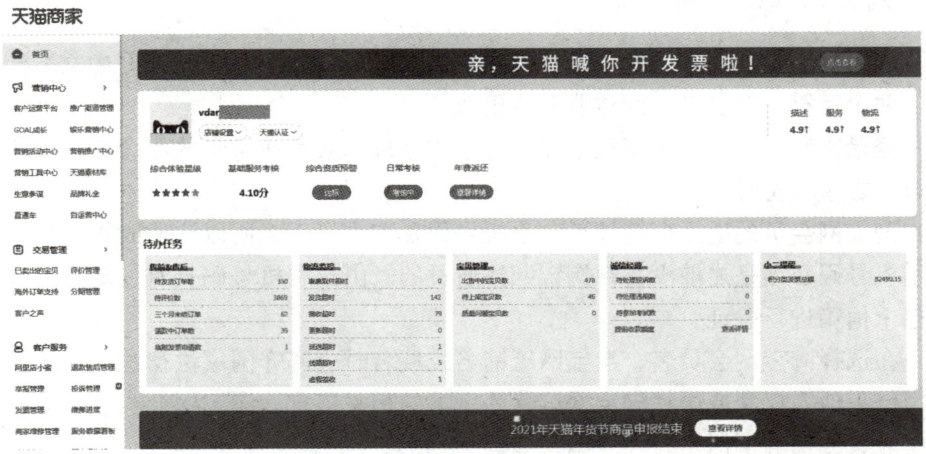

图 3-5　天猫商家卖家中心页面

卖家中心的服务功能：

___

___

___

任务二 学习电子商务平台交易规则

任务导入

俗话说："无规矩不成方圆。"任何一个企业都有自己独特的规章制度，这样才能保证组织的有效运作。美仪发现在电子商务平台从事客服工作也不例外，只有了解并熟悉电子商务平台的规则，才能更好地开展客服工作。

为了防止各种不诚信的欺诈行为、杜绝不正当竞争的商业弊端，淘宝网制定了一系列的规则和措施，以便约束和规范用户在此平台上的行为。随着平台的变化和升级，规则也在不断增补和完善，从事相关工作的人员都应当不断学习平台的规则。

任务实施流程

打开"淘宝网规则"→阅读规则全文→了解淘宝网规则

知识链接

一、淘宝网注册规则

（1）淘宝网会员名由5～20个字符（包括小写字母、数字、下划线、中文）组成，一个汉字为两个字符，会员名一经注册不能更改。

（2）登录密码由6～16个字符组成，应使用字母加数字或符号的组合密码，不能单独使用字母、数字或符号。

（3）淘宝网会员的电子信箱地址、手机号码具有唯一性，所以注册时输入的电子信箱地址或手机号码必须是之前没有在淘宝网注册过的。由于手机号码具有变动性，建议注册时使用电子信箱进行验证。

（4）在选择淘宝网会员名、淘宝网店铺名或域名时应遵守国家法律法规，不得包含违法、涉嫌侵犯他人权利或干扰淘宝网运营秩序等的相关信息。淘宝网会员名、店铺名中不得包含旗舰、专卖等词语。

（5）淘宝网有权收回未通过支付宝实名认证且连续一年未登录淘宝网或阿里旺旺的账户。

二、支付宝与淘宝网账户绑定规则

1. 绑定规则

（1）支付宝账户和淘宝网账户只能进行一对一绑定，一旦淘宝网账户绑定了认证过的支付宝账户，就意味着其淘宝网 ID 通过了支付宝认证。

（2）一个身份证可以对多个支付宝账户进行认证，但是由相同身份证认证的支付宝账户只能选择其中一个与淘宝网 ID 进行一对一绑定。如果某个身份证认证过的支付宝账户已经绑定了某个淘宝网 ID，那么其余由该身份证认证的支付宝账户将不能与任何淘宝网 ID 成功绑定。

2. 解绑规则

淘宝网会员符合以下任一情形的，其淘宝网账户不得与支付宝账户取消绑定：

（1）已通过支付宝实名认证且发布过商品或创建过店铺。

（2）有未完结的交易或投诉举报。

（3）支付宝账户尚未被激活或尚有被冻结款项。

符合解绑条件的用户，可以登录“我的淘宝”—“账户设置”—“支付宝绑定设置”，在绑定状态栏解除绑定。如果没有出现解除绑定的链接，可以致电淘宝网客服帮助解决问题。

三、商品发布规则

所有的淘宝网卖家都可以通过淘宝网平台发布商品，但是不得发布违法、违规的商品。为了让卖家把自己的主要精力放在对商品质量的提升和销售技巧的提高上、给买家展示更多和更好的商品，同时也为了让淘宝网能够把更多的人力、物力放在提高淘宝网会员对服务的满意度和功能的开发上，淘宝网综合各方面因素，制定了商品管理规则。

淘宝网的商品发布管理包含一系列的相关规则，如商品发布数量管理规则、滥发商品信息规则、重复铺货商品管理规则、闲置商品发布规则、错放类目/属性商品管理规则、乱用关键词商品管理规则、标题/图片/描述等不一致商品管理规则等。这里仅对部分规则进行说明，其余详细的条款在淘宝网的帮助中心、规则页面都有说明。

1. 商品发布数量管理规则

会员应当按照淘宝网系统设置的流程和要求发布商品。淘宝网会员账户已绑定通过实名认证的支付宝账户即可发布闲置商品，创建店铺后方可发布全新和二手商品。

淘宝网会员发布商品的数量受到以下限制：

（1）淘宝网有权根据卖家所经营的类目、信用积分调整其商品发布数量上限，但被调整后的可发布商品数量不少于 50 件。

（2）淘宝网卖家发布闲置商品不得超过 50 件。

（3）淘宝网卖家以二手闲置方式发布的书籍、音像类商品分别不得超过 50 件且同款书籍、音像商品库存不得超过 1 件。

2. 滥发商品信息规则

（1）淘宝网用户不得出售国家法律法规禁止出售或根据淘宝网平台管理要求禁止出售的商品。

（2）在商品类、店铺装修区或淘宝门户类页面不得发布心情故事、店铺介绍、外网购物链接、淘宝客链接等非实际交易信息。

（3）不得在门户、社区、淘江湖、淘宝网打听板块发布广告信息。

（4）不得在店铺中同时出售同款的商品两件以上。

（5）不得开两家以上店铺且出售同样的商品。

（6）不得发布未经许可的专营类目所属商品。

四、店铺状态规则

（1）创建店铺的条件：将淘宝网账户与通过实名认证的支付宝账户绑定，然后提供本人（包括企业）真实有效的信息，通过淘宝网的身份认证。天猫商城的商家还需公示或披露真实有效的姓名、地址、营业执照等信息。

（2）已创建的店铺若连续 6 周出售中的商品数量均为零，淘宝网有权将该店铺释放。一个淘宝网会员仅能拥有一个可出售商品的店铺。

五、店铺名及店铺其他信息规则

淘宝网店铺不仅是一个重要的交易管理工具，也是卖家的外在形象。因此，淘宝网对店铺的名称以及其他信息的展现进行了规范和限制，其主要内容如下：

（1）未经淘宝网或阿里巴巴集团授权、许可，店铺名、域名、店标、店铺公告及店铺介绍禁止使用含有“淘宝特许”、“淘宝授权”及近似含义的词语。

（2）未经许可，严禁使用“淘宝”“淘宝网”“天猫”“一淘”等代表淘宝网特殊含义的词语或标识。

（3）店铺名、域名、店标、店铺公告及店铺介绍中禁止使用带有种族歧视、淫秽和不健康信息的词汇及语言。

（4）店铺名、域名、店标、店铺公告及店铺介绍中不得使用我国及其他国家的国名、国旗、国徽、军旗、勋章等文字与图形，以及同国际组织、知名品牌相同或相近的文字或图形。

（5）店铺名或域名不得出现心、钻、冠等与淘宝网信用评价相关的词语或标识。

（6）店铺名或域名不得出现阿里巴巴集团及旗下其他公司的名称或标识。

（7）如果店铺不具有相关资质或未参加淘宝网的相关活动，不允许使用与特定资质或活动相关的特定含义的词汇，如台湾馆、香港街、天猫消费者保障计划、先行赔付等。店铺名或域名不允许命名为××商盟，非商盟店铺不允许在店铺中使用商盟进行宣传。

（8）店铺公告及店铺介绍页面可以用于介绍卖家的业务，但不可以包含卖家个人网站的路径或链接，同时禁止使用夸大宣传并带有欺骗性的、含有不真实内容或者误导消费者的内容。

除了上述规则以外，涉嫌违反法律的内容也是被禁止使用的。向买家传达正面的、健康的、积极向上的信息有助于卖家建立良好的店铺形象，更容易使买家产生信赖感和安全感。

六、评价规则

淘宝网的信用评价体系分为“信用评价”和“店铺评分”两种。其中，信用评价是指买卖双方在使用支付宝交易成功后的 15 天内进行相互评价，特殊类目商品的交易不开放评价。而在天猫商城平台中，只有店铺评分，没有信用评价。

评价分为“好评”“中评”“差评”三种，每种评价对应一个积分。用户每获得一个“好评”加 1 分，获得一个“中评”不计分，获得一个“差评”扣 1 分。淘宝网会对会员的评价计分进行长期累积，并在淘宝网页面上展示其信用积分和相应的信用等级。

淘宝网的信用积分对应的信用等级从心级、钻级、冠级到金冠级，信用积分在 4 分以下无心级，达到 4 分则为 1 心，达到 11 分上升到 2 心，以此类推，如图 3-6 所示。卖家和买家的信用等级评定标准相同，只是使用不同的图标来区分。

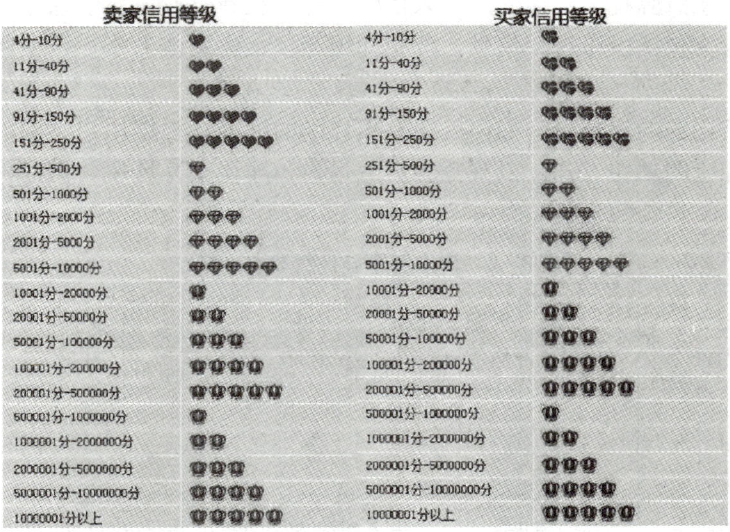

图 3－6　淘宝网信用积分对应的信用等级显示

相同买家、卖家任意 14 天内就同款商品的多笔支付宝交易，多个好评只加 1 分、多个差评只减 1 分。每个自然月，相同买家与卖家之间交易，双方增加的信用积分均不得超过 6 分。评价人可在作出中、差评后的 30 天内，对信用评价进行一次修改或删除。30 天后评价不得修改。淘宝网有权删除评价内容中所包含的污言秽语。自交易成功之日起 180 天（含）内，买家可在作出淘宝网信用评价后追加评论，追加评论的内容不得修改。卖家可对追加评论的内容进行解释，追加评论不影响淘宝网卖家的信用积分。

淘宝网的店铺评分由买家对卖家作出，包括宝贝与描述相符、卖家的服务态度、卖家发货的速度、物流发货速度四项。1 分表示非常不满意，2 分表示不满意，3 分表示一般，4 分表示满意，5 分表示非常满意。每项店铺评分均为动态指标，是此前连续六个月内所有评分的算术平均值。每个自然月，相同买家、卖家之间交易，卖家店铺评分仅计取前 3 次。店铺评分一旦做出就无法修改。店铺动态评分生效后，宝贝与描述相符、卖家的服务态度、卖家发货的速度三项指标将分别平均计入卖家店铺评分中，如图 3－7 所示；物流公司服务评分（物流发货速度）不计入卖家店铺评分中，但会计入物流平台中。

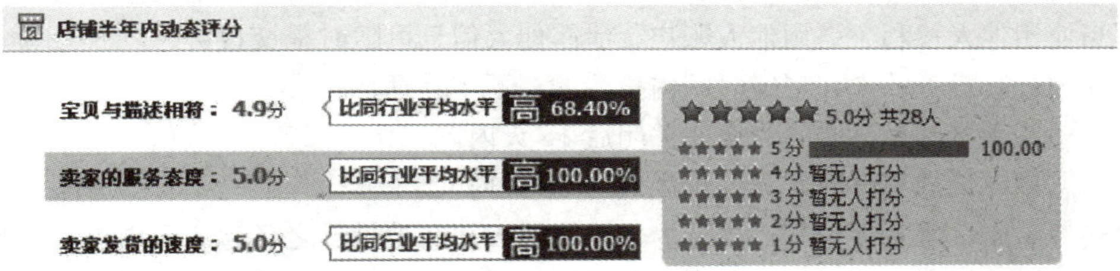

图 3－7　淘宝网店铺动态评分显示

七、违规行为管理规则

违规行为根据严重程度分为一般违规行为和严重违规行为。

一般违规行为包括：滥发信息、虚假交易、延迟发货、描述不符、违背承诺、竞拍不买、恶意评价、恶意骚扰、不当注册、未依法公开或更新营业执照信息等。

严重违规行为包括发布违禁信息、侵犯知识产权、盗用他人账户、泄露他人信息和骗取他人财物等。

淘宝网对于用户的违规行为如何处罚有很详细的标准，根据用户不同的违规行为类别和等级规定了相应的处罚方式，以规范会员的行为、净化交易环境。淘宝网违规处罚节点见表 3－1。

表 3－1　淘宝网违规处罚节点一览表

违规类型	扣分节点	公示警告	限制发布商品	下架全部商品	删除全部商品	屏蔽店铺	删除店铺	限制创建店铺	限制发货	限制会员登录	限制登录旺旺	关闭订单	限制买家行为	监管账户	查封账户
一般违规行为（A类）	每累计到12分	√	7天	×	×	7天	×	×	×	×	×	×	×	×	×
严重违规行为（B类）	B12分	√	7天	×	×	7天	×	×	×	×	×	×	×	×	×
	B24分	√	14天	√	×	14天	14天	14天	×	×	×	×	×	×	×
	B36分	√	21天	√	×	21天	21天	21天	×	×	×	×	×	×	×
	B48分	√	永久	×	√	永久	永久	永久	永久	30天后执行永久	永久	30天后执行	永久	30天	30天后执行永久
出售假冒商品（C类）	C12分	√	7天	×	×	7天	×	×	×	×	×	×	×	×	×
	C24分	√	14天	√	×	14天	14天	14天	×	×	×	×	×	×	×
	C36分	√	21天	√	×	21天	21天	21天	×	×	×	×	×	×	×
	C48分	√	永久	×	√	永久	永久	永久	永久	30天后执行永久	永久	30天后执行	永久	30天	30天后执行永久

违规扣分在每年的 12 月 31 日 24 时清零。因出售假冒商品扣分达到 24 分及以上的，该年不进行清零，以 24 分计入次年；次年新增严重违规扣分未达到 24 分的，于该年 12 月 31 日 24 时清零。累计扣分达到 48 分及以上的，查封账户。

八、投诉与举报规则

1. 淘宝网的投诉规则

对违规行为的投诉，除滥发信息、虚假交易、不当注册、发布违禁信息、出售假冒商品、不当使用他人权利、盗用他人账户、泄露他人信息可随时提交投诉外，其余须在以下规定时间内进行投诉；未在规定时间内投诉的，不予受理：

（1）违背承诺的投诉时间为交易关闭后 15 天内。

（2）恶意评价的投诉时间为评价生效后 15 天内。

对违背承诺、恶意评价等违规行为，被投诉人须在被投诉之日起 3 天内提交证据。逾期未提交证据的，淘宝网有权根据当时所掌握的情况进行判断与处理。对其余违规行为的判断与处理，淘宝网在收到投诉后立即进行。

卖家自行作出的承诺或说明与淘宝网的规则相悖的，淘宝网不予采信。

对于未按约定时间发货（延迟发货）、竞拍不买、与描述不符、骗取他人财物等违背承诺的投诉及恶意评价的投诉，投诉方需要收集证据，被投诉方需要进行申诉，由于双方在收集证据的过程中会出现很多不可预知的环节，而淘宝网也需要根据双方提供的证据来判断，因此规定在15天内提交投诉。对于滥发信息、虚假交易、不当注册、发布违禁信息、出售假冒商品、不当使用他人权利、盗用他人账户、泄露他人信息的行为，淘宝网上可以查询到相关记录，因此可随时提交投诉。

2. 淘宝网的举报规则

为维护淘宝网的交易秩序、保障用户的合法权益，对于淘宝网上出现的不良信息或者不良交易行为，用户有权进行举报。

举报方必须是通过支付宝认证的用户，而且在整个举报过程中，举报方是匿名的，所有的个人信息受淘宝网保护。被举报方在被举报后的3个工作日内要进行申述，并尽量提供凭证以证实自己申述的有效性，淘宝网会进行核实并处理。

用户可以就他人盗用自己的图片发布商品或者发现他人出售禁售商品的行为进行举报。盗用图片的处罚有“撤销”、“公告警示7天”和“公告警示7天并限制发布商品7天”三种。对于出售禁售商品的举报，若淘宝网经核查发现与事实不符，即做“不成立”处理；若举报事实成立，则根据情节轻重分别做出“下架或删除”或“永久冻结账户”的处理。

小任务

了解查阅淘宝网规则的途径，认真学习平台规则。

任务实施

（1）打开淘宝网规则主页（https：//rule. taobao. com/），如图3-8所示。淘宝网规则包括市场管理与违规处理、行业管理规范、营销活动规范、消保及争议处理、信用及经营保障、特色市场规范等。

图3-8　淘宝网规则主页

（2）分别浏览八大板块，阅读和了解各板块下的具体规则。

（3）规则检索。淘宝规则内容庞大，在了解各板块规则基本内容后，我们可以有针对性地查找岗位所需掌握的规则。为了提高检索效率，可以直接在淘宝网规则首页的搜索框或者规则辞典栏目下的关键词检索框进行检索，如图 3－9 所示。如输入关键词“滥发信息”，规则类型选择“规则”，可以找到 59 条知识（见图 3－10），根据需要单击进行学习即可。

图 3－9　规则检索界面

图 3－10　搜索规则结果界面

任务三 使用客服沟通工具

任务导入

网店客服较之传统客服的一个明显优势是：可以使用在线聊天工具进行沟通，图文并茂地进行推销解说，避免了客服自身的情绪影响，也为客户营造了轻松自如的购物环境。为了更好地为客户提供服务，美仪认真学习了千牛平台的使用。

任务实施流程

登录千牛平台→使用工作台模式和旺旺模式→熟悉千牛的使用

知识链接

一、千牛简介

千牛是由阿里巴巴集团出品的沟通管理软件。客服使用千牛可以完成聊天接单、交易管理、商品管理、评价管理、物流管理等多项操作。淘宝网要求商家客服必须使用千牛软件与客户沟通，一旦买卖双方出现交易纠纷，千牛的聊天记录可以作为官方认可的申诉证据使用。

千牛目前有电脑版和手机版，两者功能基本一致，在某些页面和场景有所区别。千牛除了集成阿里旺旺的功能以外，还可以完成更多的操作。其核心功能如下：

（1）卖家工作台：支持子账号登录，提供店铺关键信息提醒以及商品、交易、数据等常用操作的快捷入口。

（2）消息中心：商品消息、订单消息、退款消息、官方公告等第一时间推送到手机。

（3）阿里旺旺卖家版：支持手机和电脑同时登录，联系人、聊天记录和快捷短语与电脑无缝云同步，可添加好友、查看买家个人主页。

（4）插件中心：商品管理、交易管理、评价管理、数据统计等常用功能均有多款插件供选择，分销商卖家可订购使用供销管理插件。

二、千牛电脑版

登录千牛工作台，界面如图 3－11 所示。千牛工作台主要分为导航栏、后台快捷区、各板块栏，客服可根据自己的需求进行增减设置。

（1）导航栏主要包括系统设置、搜索框、更换皮肤、接待中心、消息中心、营销中

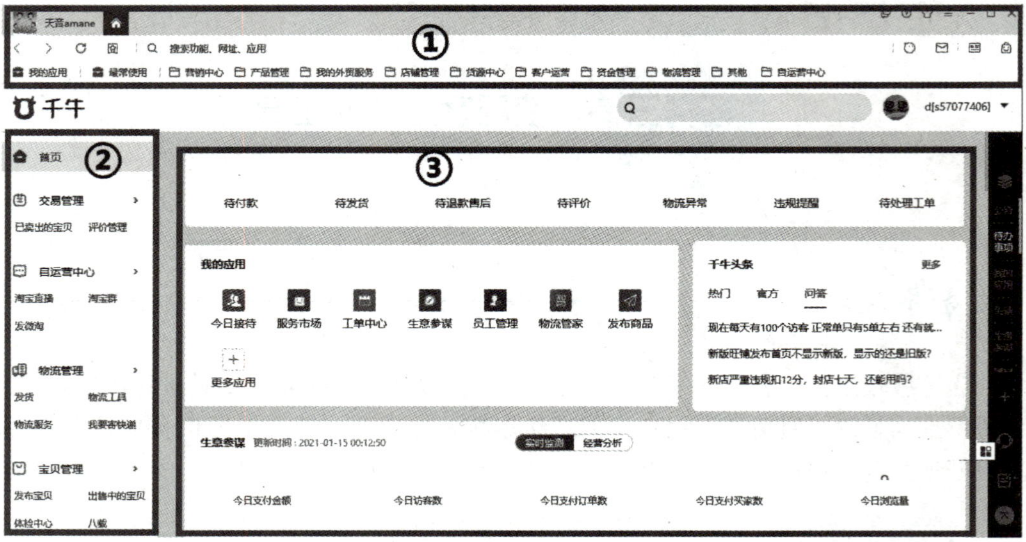

图 3-11　千牛工作台界面

心、产品管理、我的外贸服务、店铺管理、货源中心、客户运营、资金管理、物流管理、其他、自运营中心等。

（2）后台快捷区主要是商家后台入口，可快速进入交易管理、自运营中心、物流管理、宝贝管理等。

（3）板块栏有数据监测、我的应用、千牛头条、生意参谋、用户运营等，可拉到最下方进行增减设置。

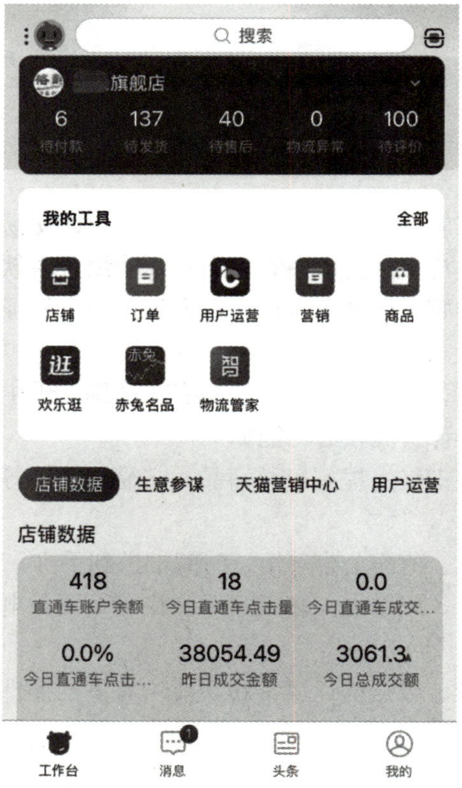

图 3-12　千牛手机版界面

三、千牛手机版

千牛手机版功能丰富，可以帮助卖家随时随地与客户沟通，也可以查看店铺信息、运营店铺、处理订单等。如图 3-12 所示为千牛手机版界面，从上往下分别有搜索框、数据监测、我的工具、应用板块（如店铺数据、生意参谋、天猫营销中心、用户运营等）和底部按钮。

四、千牛使用权限

要登录和使用千牛，不管是电脑版模式还是手机版模式，都要求是开有店铺的淘宝网 ID 才行。

小任务

登录千牛电脑版，熟悉千牛工作平台的操作。

任务实施

（1）下载安装千牛。登录淘宝网首页，单击右上角的“网站导航”，找到“我是买家—导购工具—阿里旺旺”，如图 3－13 所示。单击“阿里旺旺”，出现千牛下载页面，如图 3－14 所示。单击“我是卖家”，根据电脑操作系统选择适合的千牛版本下载，如图 3－15 所示。

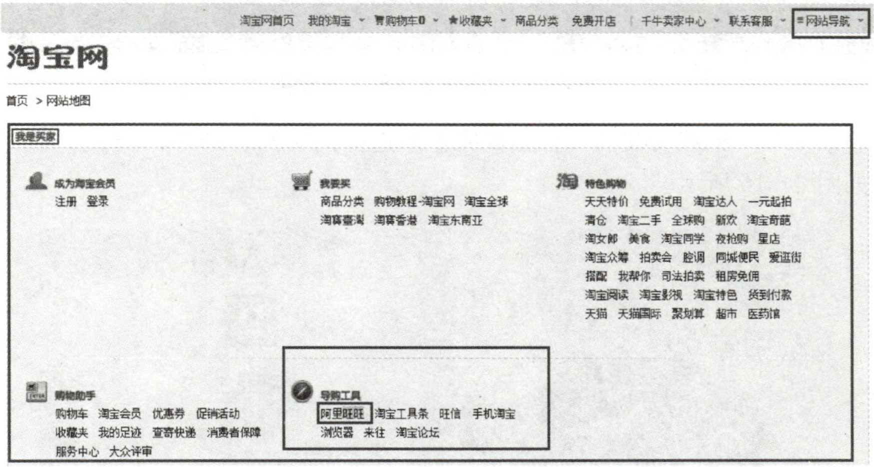

图 3－13　进入千牛下载页面

图 3－14　千牛下载页面

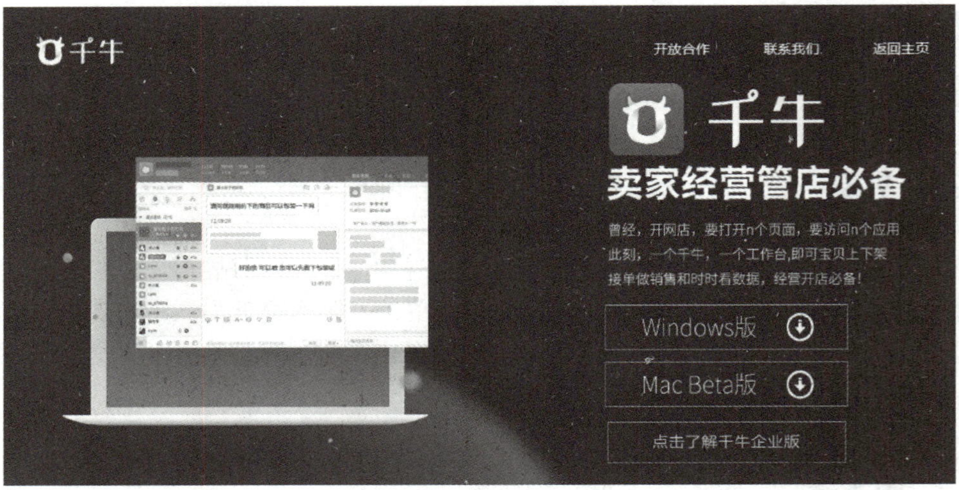

图 3 - 15　选择适合的千牛版本

（2）登录千牛。下载安装后，根据商家性质选择淘宝网、1688、企业商家后再进行登录操作，如图 3 - 16 所示。

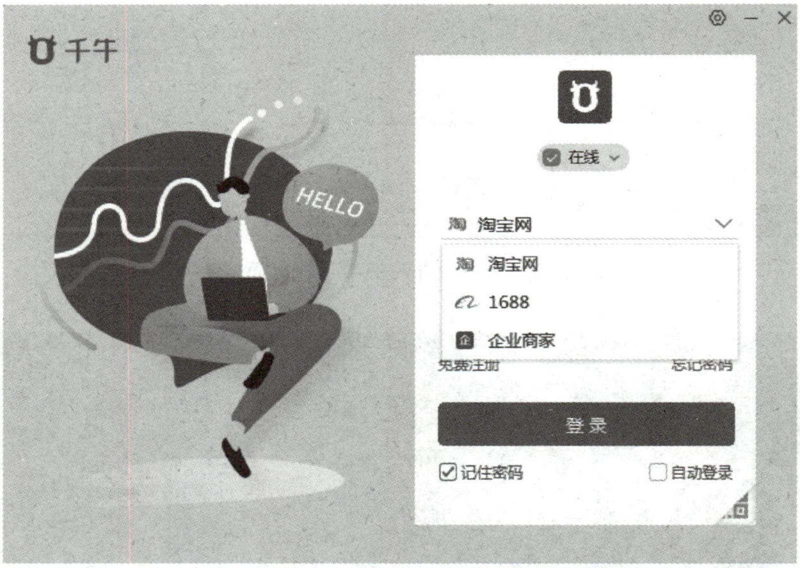

图 3 - 16　登录千牛界面

（3）登录千牛工作台，进行系统设置。单击千牛工作台导航栏右上角 ≡ 图标，选择“系统设置”进入设置页面，系统设置分为基础设置（见图 3 - 17）和接待设置（见图 3 - 18），客服可以根据工作需要进行各项设置，如快捷键（见图 3 - 19）、自动回复与个性签名（见图 3 - 20）等。

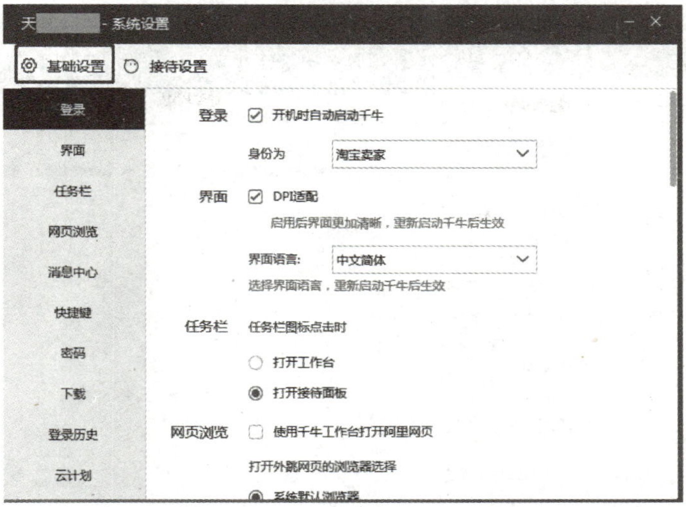

图 3-17　基础设置

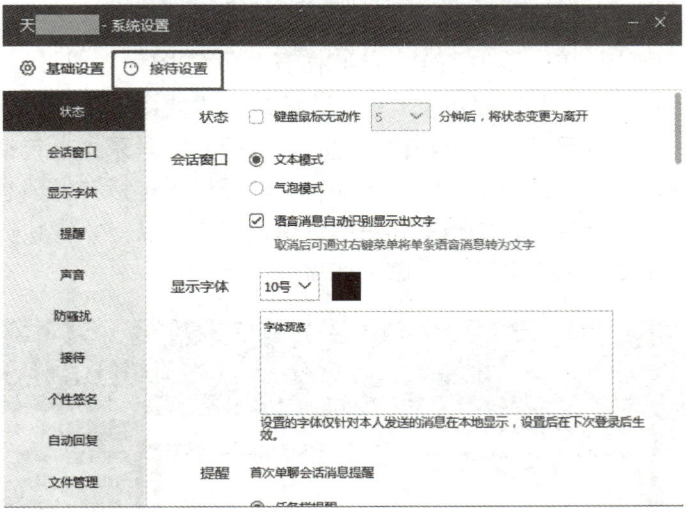

图 3-18　接待设置

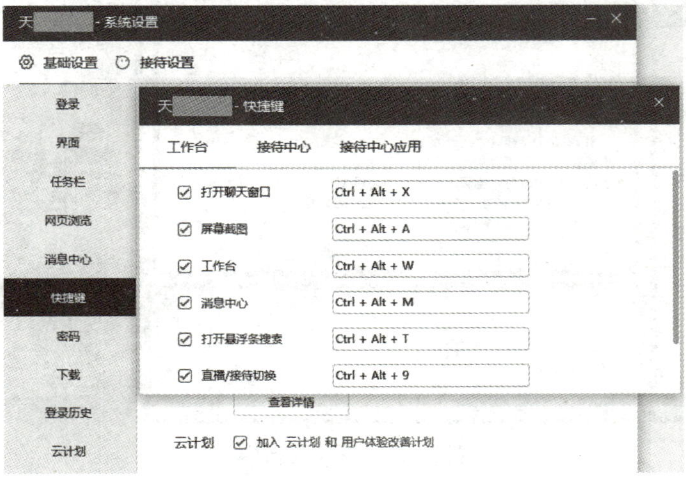

图 3-19　快捷键设置

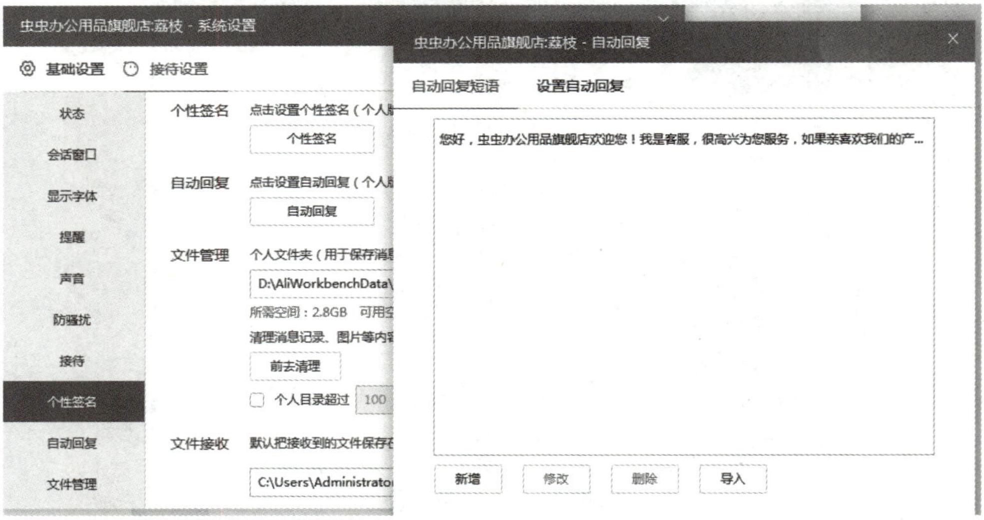

图 3－20　自动回复与个性签名设置

（4）千牛接待中心。单击千牛工作台导航栏右上角 ◷ 图标，即可进入千牛接待中心，如图 3－21 所示。接待中心是客服最重要的工作阵地，主要由以下区域构成：①状态，包括挂起和未挂起；②接待看板；③公告栏、更换皮肤等；④联系人，包括联系中、最近联系、我的好友、我的群、我的团队；⑤对当前客户的操作，包括转发消息给团队、加为好友、视频通话等；⑥对话窗口；⑦当前客户的订单、咨询商品等；⑧快捷入口，包括系统管理、交易管理、出售中的商品等；⑨聊天窗口。

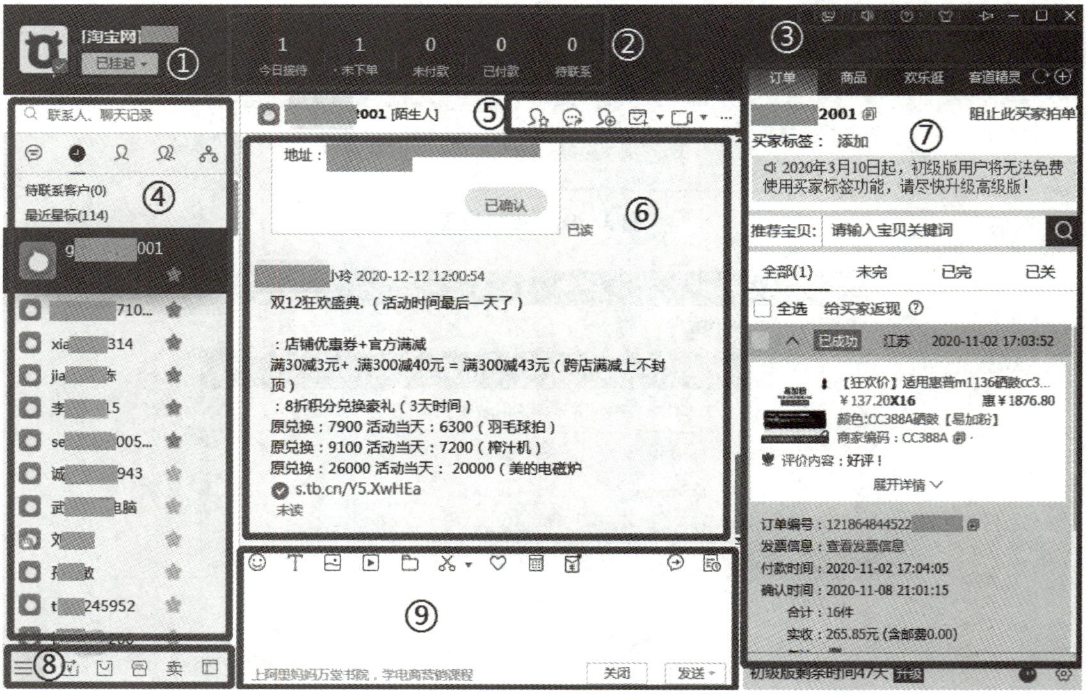

图 3－21　千牛接待中心

（5）卖家中心。通过千牛工作台的卖家后台快捷入口进入卖家中心，卖家所有关于店铺经营的操作都可以在“卖家中心”完成，客服需要掌握卖家中心的一些与交易相关的功能。如在交易管理中对已卖出的宝贝进行订单处理（见图 3－22）、评价管理（见图 3－23），在店铺管理中进行店铺设置（见图 3－24），在客户服务中进行售后管理（见图 3－25），在宝贝管理中发布宝贝（见图 3－26）等。

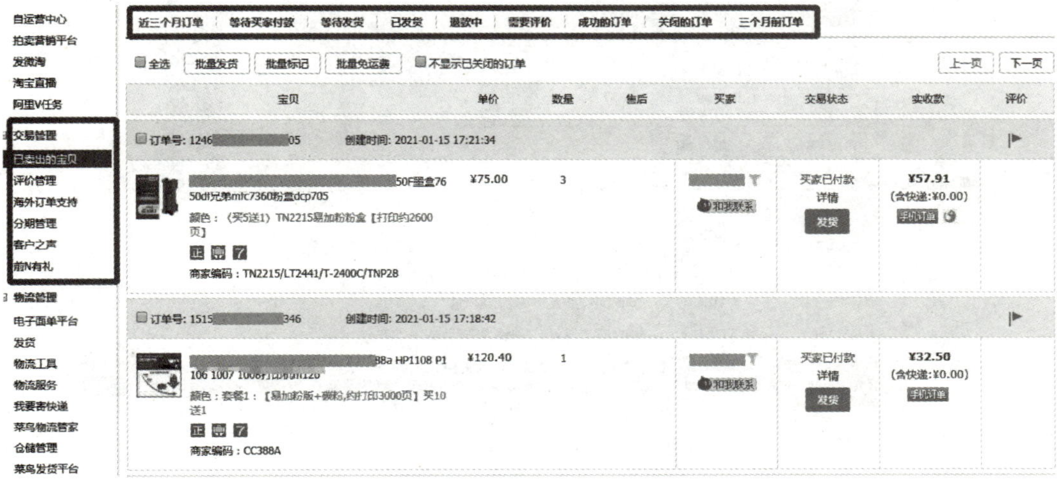

图 3－22　订单处理

图 3－23　评价管理

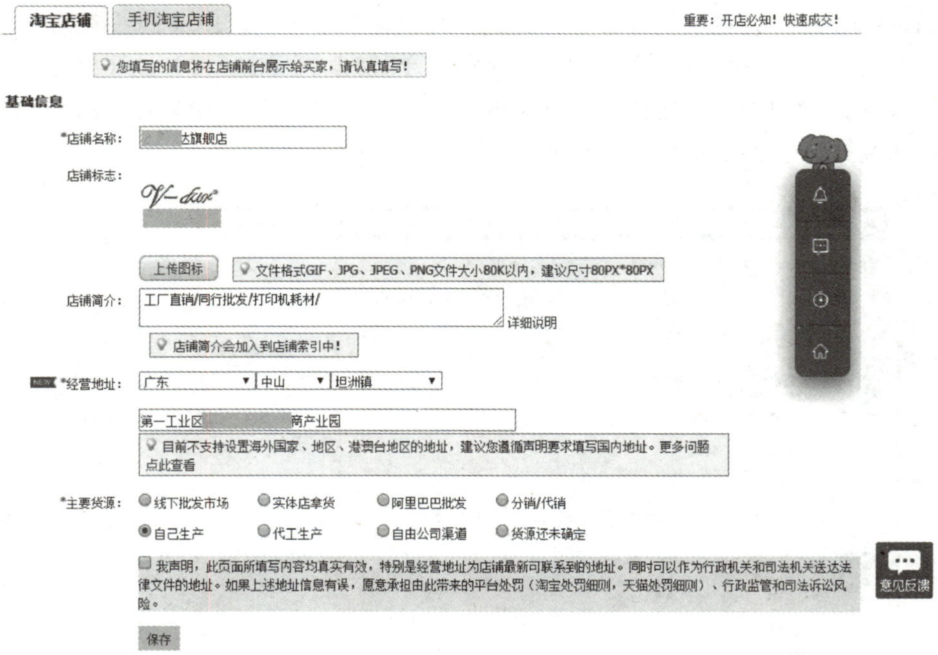

图 3－24　店铺设置

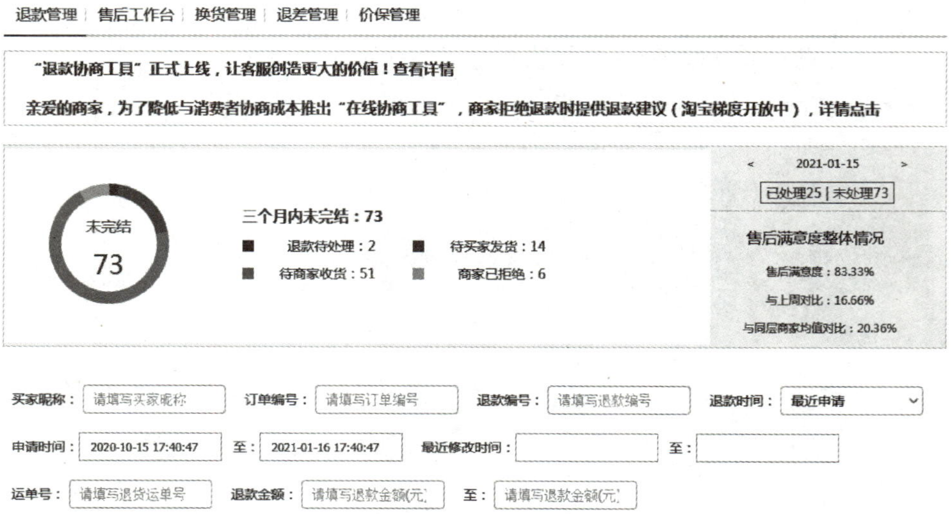

图 3－25　售后管理

图 3-26　发布宝贝

（6）子账号管理及旺旺分流管理。子账号管理界面如图 3-27 所示。可以通过单击插件中心的子账号权限，对子账号进行角色管理等操作。千牛让分流更专业，主账号可以直接通过千牛实时手工调配客服接待量。

图 3-27　子账号管理界面

任务四 提高录入水平

任务导入

打字速度是网店客服众多技能中最基本的一项。美仪为了提高自己的打字速度，跟师傅淘姐学习如何测试自己的打字速度，并有计划地进行打字练习，提高录入水平。

任务实施流程

了解提高录入水平的方法→登录淘工作平台→测试打字速度

知识链接

网店客服一般不需要掌握太高深的电脑技术，只需要掌握基本的电脑操作技能，包括熟悉 Windows 系统、会使用 Word 和 Excel、会收发电子邮件、会管理电子文件、会上网检索信息等；在录入方面，至少应该熟练掌握一种输入法，能够盲打输入。大部分卖家招聘客服时，要求客服每分钟录入不少于 60 个汉字。

提高录入水平，可以从以下几方面入手：

(1) 熟悉键盘，提高盲打速度与准确度。在学习打字的初期就应当掌握正确的打字方法。正确的打字方法是将字母与手指联系起来，每个手指负责对应的字母，如图 3－28 所示，这是经研究证明的最舒适、最快捷的打字指法，应当学习和沿用。打字时，不用看键盘，只要指法熟练，打字速度自然就上来了。

图 3－28 盲打指法图

（2）安装输入法软件，使用其联想记忆功能。现在互联网上有许多输入法软件，可以自动记忆使用者经常打的字词，下次再使用的时候第一个出现的就是它。一些网络流行语或比较长的诗句，这些输入法软件都能联想出来，省去了逐字录入的麻烦，因此也能够提高打字速度。

（3）学会跨越式的打字方法。即只输入每个字的第一个拼音。比如要打出文字“有什么可以帮到你吗”，只需要打出“ysmkybdnm”。熟练使用这种方法，对提高打字速度非常有帮助。

（4）借助打字练习软件，提高打字速度。可以下载金山打字通等打字练习软件，练习五笔或者拼音输入法，测试打字速度，勤加练习，逐渐提高打字速度。

小任务

使用在线测试工具，测试自己的打字速度。

任务实施

（1）打开金山打字通在线测试网址（http：//www.51dzt.com/test），如图 3－29 所示。

图 3－29　金山打字通 2013 在线测试页面

（2）单击测试中文打字，进入测试，如图 3－30 所示。测试结果如图 3－31 所示。

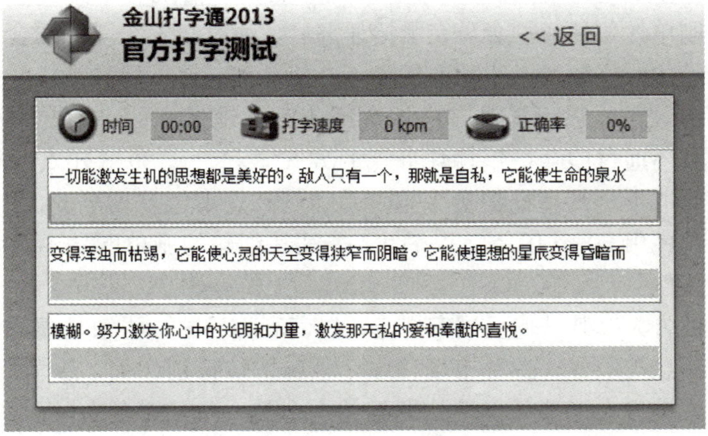

图 3－30　中文打字测试页面

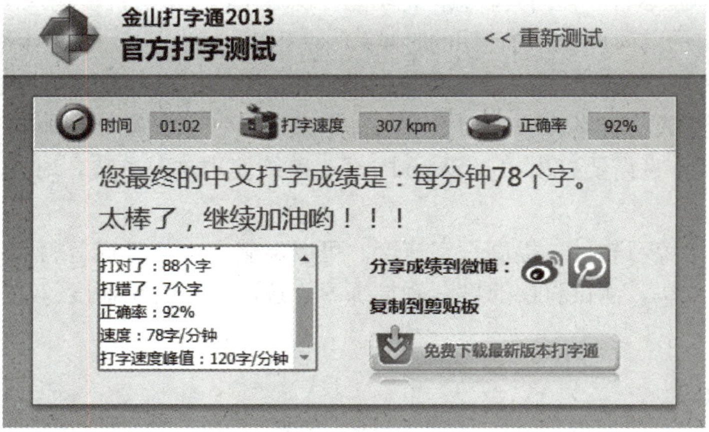

图 3-31　测试结果

项目总结

通过本项目的学习，美仪了解了电子商务平台，尤其是淘宝网平台，了解了淘宝网规则，学会了千牛工作台的操作，了解了自己的录入水平，并知道了如何提高打字速度，这些都是网店客服的基本技能，掌握了这些就为成为一名优秀的金牌客服打下了良好的基础。

知识拓展

全国“刷单炒信入刑第一案”宣判

2017 年 6 月 20 日，全国“刷单炒信入刑第一案”在浙江省杭州市余杭区人民法院公开宣判，“90 后”刷单组织者李某某受罚。

经法院经审理查明：被告人李某某通过创建刷单网站和利用语音聊天工具建立刷单炒信平台，吸纳淘宝卖家注册账户成为会员，并收取 300 元至 500 元不等的保证金和 40 元至 50 元的平台管理维护费、体验费，并通过制定刷单炒信规则与流程，组织会员通过该平台发布或接受刷单炒信任务。会员在承接任务后，通过与发布任务的会员在淘宝网上进行虚假交易并给予虚假好评的方式赚取任务点，使自己能够采用悬赏任务点的方式吸引其他会员为自己刷单炒信，进而提升自己淘宝网店铺的销量和信誉，欺骗淘宝网买家。其间，被告人李某某还通过向会员销售任务点的方式牟利。从 2013 年 2 月至 2014 年 6 月，被告人李某某共收取平台管理维护费、体验费和任务点销售收入至少人民币 30 万元，另收取保证金共计人民币 50 余万元。另查明，李某某创建的刷单网站不具备获得增值电信业务经营许可的条件。

法院认为，被告人李某某违反国家规定，以营利为目的，明知是虚假的信息仍通过网络有偿提供发布信息等服务，扰乱市场秩序，且属情节特别严重，遂依据相关法律规定，以非法经营罪判处被告人李某某有期徒刑五年六个月，并处罚金人民币 90 万元，连同原判有期徒刑九个月，并处罚金人民币 2 万元，予以并罚，决定执行有期徒刑五年九个月，并处罚金人民币 92 万元。

主审法官庭后接受采访时表示："网购环境需要净化，互相刷信的行为，不仅误导消费者在购买商品时的判断，也容易带来交易风险。如果不建立一个健康正常的网络交易秩序，不仅对消费者个人，甚至对整个网络经济的发展都会有影响，相信本案对于规范网络交易市场有促进作用。"

据悉，此案系阿里巴巴运用大数据主动发现并向警方输送刷单线索，进入刑事宣判的第一案，亦系余杭成为最高人民法院中国应用法学研究所互联网司法研究中心杭州基地以来审结的第一例涉互联网犯罪案件。

资料来源：陈东升，王春．全国"刷单炒信入刑第一案"宣判．法制日报，2017－06－21，有删改．

巩固练习

1. 淘宝网的首页有哪些服务？其页面服务基本结构是怎样的？
2. 淘宝网的商品发布规则有哪些？其中，滥发商品信息包括哪些行为？
3. 千牛工作台分为哪两种模式？有哪些功能？
4. 提高录入水平的方法有哪些？

项目四

储备专业知识

项目介绍

网店客服需要储备专业的知识，才能给予客户专业的解答，才能更好地完成销售任务。本项目以淘宝网业务为例，介绍网店服务流程、客服工作流程、商品知识、店铺推广、物流流程等相关的理论知识和相应的操作技能。

学习目标

▶ 知识目标：

1. 了解网店服务流程；
2. 了解客服工作流程；
3. 熟悉商品知识范畴；
4. 了解店铺推广；
5. 了解物流流程。

▶ 能力目标：

1. 能熟知淘宝网购物流程；
2. 能正确掌握网店服务流程；
3. 能制作商品手册模板；
4. 能参与店铺推广；
5. 能正确认识物流流程。

任务一　了解网店服务流程

任务导入

为了更好地解答客户在购物过程中遇到的疑问，美仪通过在淘宝网购买商品熟悉购物流程，为工作做了充分的准备。

任务实施流程

访问淘宝网首页→浏览商品→确定购买→支付货款→等待送货→验收货物→评价商品

知识链接

一、网店

网店是电子商务的一种重要形式，能够让人们在浏览的同时进行实际购买，并且通过各种在线支付手段进行支付，完成交易全过程。目前常见的网店平台有淘宝网、易趣网、拍拍网等。

二、网店交易优势

网店交易的优势有：方便快捷、交易迅速、不易压货、打理方便、形式多样、应用广泛、有众多分销渠道。

三、支付工具

支付工具是资金清算和结算的一种载体，可以是记录、授权传递支付指令和信息发起者的合法金融机构账户证件，也可以是支付发起者合法签署的可用于清算和结算的金融机构认可的资金凭证。随着经济的高速发展，逐渐出现了虚拟支付工具。目前的虚拟支付工具有网上银行、支付宝、财付通、百付宝、快钱、手机支付、手机充值卡等，淘宝网的主要支付工具是支付宝。

四、淘宝网交易流程

网店客服的服务流程贯穿于淘宝网交易流程的始终，作为客服人员，应该熟悉淘宝网交易的流程，更好地为客户服务。

淘宝网一次正常的交易一般由 6 大流程组成，即浏览商品—确定购买—支付货款—等待送货—验收货物—评价商品，如图 4－1 所示。

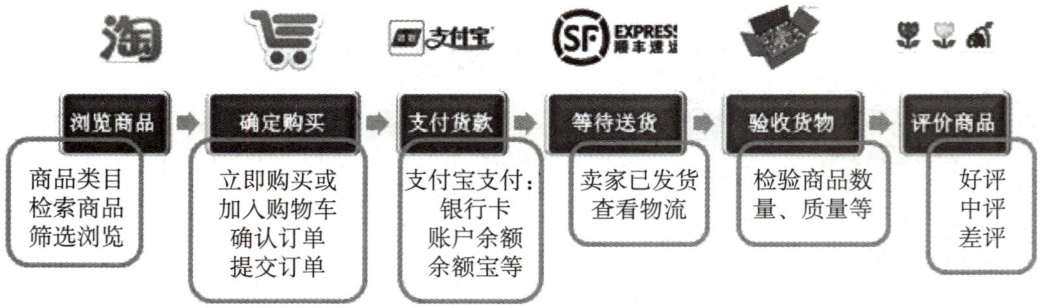

图 4－1　淘宝网的一般交易流程

小任务

通过手机淘宝购买口罩。

任务实施

（1）浏览搜索商品。打开手机淘宝（见图 4－2），通过商品类别或搜索栏输入相关商品关键词。例如，在搜索栏中输入“医用口罩”进行搜索，如图 4－3 所示，浏览筛选商品。

图 4－2　手机淘宝首页

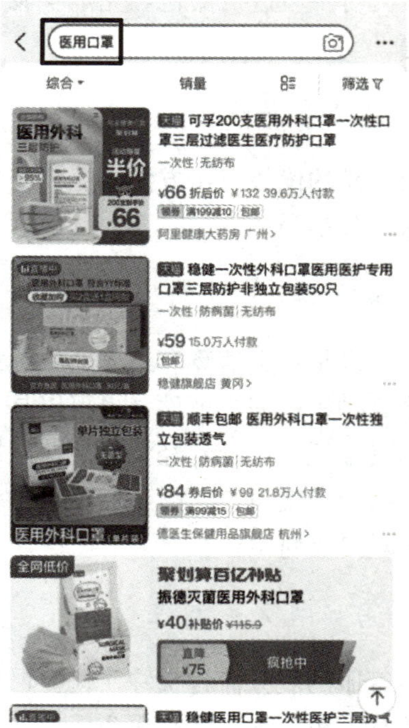

图 4－3　搜索“医用口罩”

（2）确定购买。点击感兴趣的商品了解详情，如图 4－4 所示。确定准备购买的商品后，点击“立即购买”或“加入购物车”，选择颜色、数量等，如图 4－5 所示。图 4－6 所示为加入购物车后的页面，勾选需要购买的商品后在右下角会显示“优惠合计”的金额。

图 4－4 了解商品详情

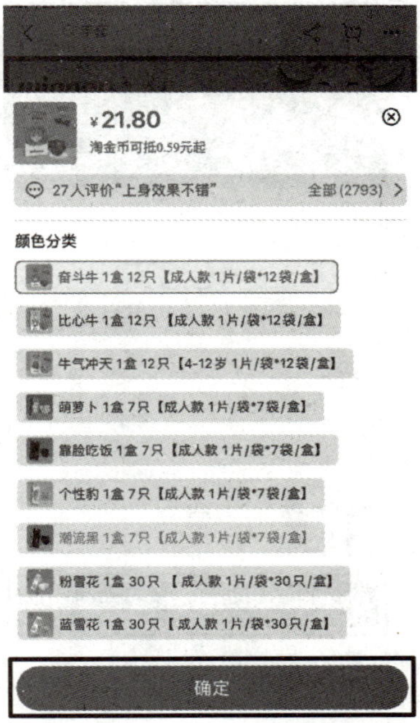

图 4－5 选择规格

（3）确认订单。点击“结算”进入确认订单页面，确认收货地址、商品规格数量、配送方式、运费险、店铺优惠、是否开具发票、订单备注、是否使用淘金币、购物券等，确认无误后点击“提交订单”，如图 4－7 所示。

图 4－6 购物车

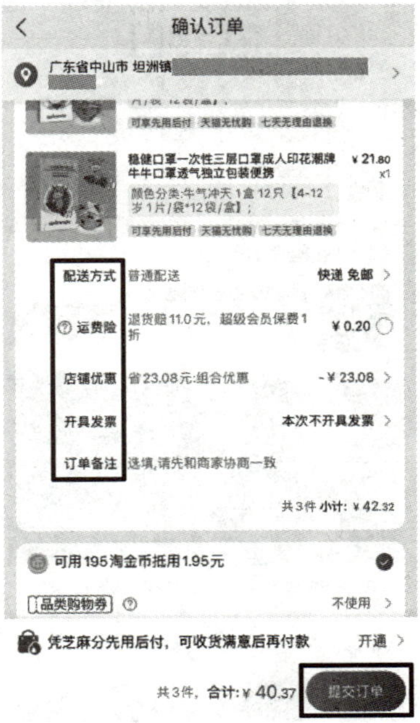

图 4－7 确认订单

（4）支付货款。提交订单后，进入支付界面（如图 4－8 所示），确认支付宝账户，付款方式可选花呗、余额宝、银行卡、账户余额等，也可选择找朋友帮忙付，如图 4－9 所示。点击“立即付款”完成支付后，会出现支付成功页面，如图 4－10 所示。

图 4－8　支付界面

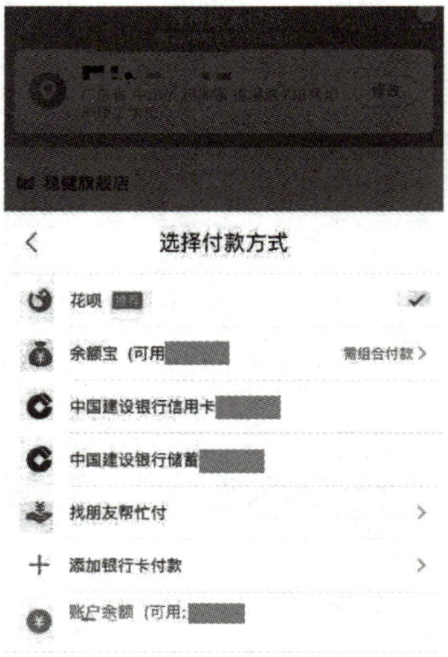

图 4－9　选择支付方式

（5）等待发货。支付成功后点击“查看订单”，该订单的交易状态显示为“买家已付款”，如图 4－11 所示。也可在“我的淘宝—我的订单—待发货”中查看订单情况。如果卖家已发货，订单就会出现在待收货栏。如需跟踪商品，可点击“查看物流”（见图 4－12），获得物流信息（见图 4－13）。

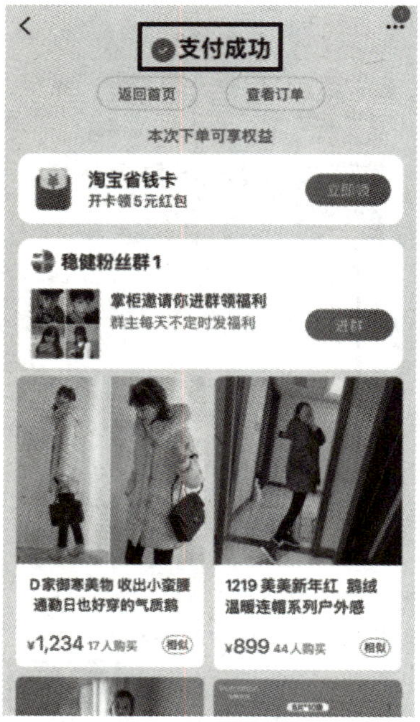

图 4－10　支付成功

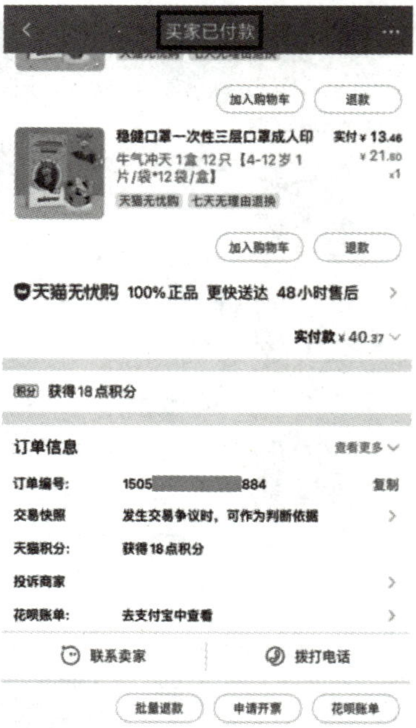

图 4－11　买家已付款

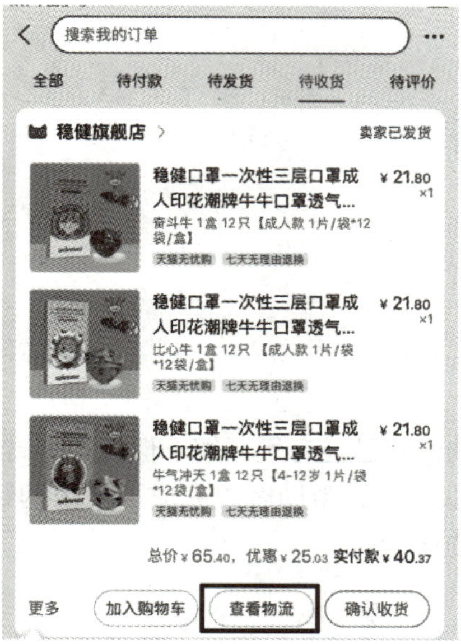

图 4-12　查看物流

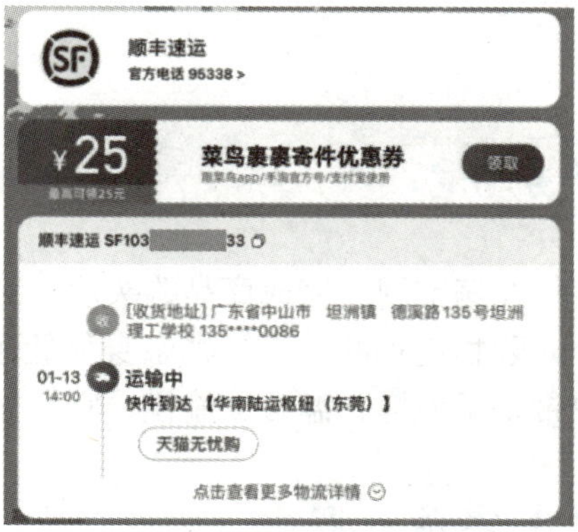

图 4-13　物流信息

（6）验收货物。收到商品后，检查商品的质量和数量等，确认无误后点击“确认收货”，支付款项给卖家，如图 4-14 所示。如无其他原因，不确认收货，到一定的时间，系统也会自动划账给卖家。

（7）评价商品。确认收货后，买家可以对商品进行评价，反馈商品质量、卖家服务态度等，如图 4-15 所示。

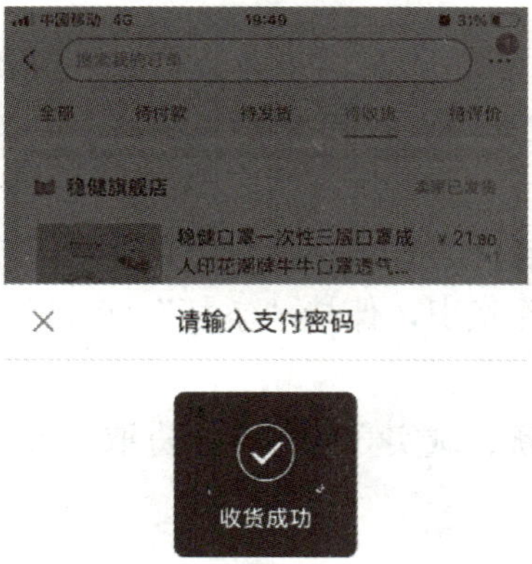

图 4-14　确认支付

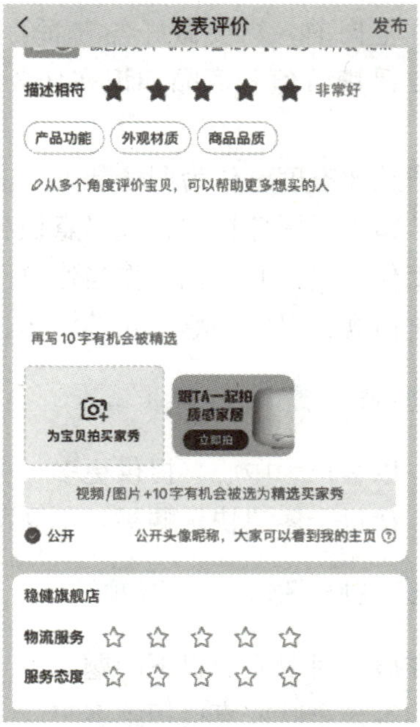

图 4-15　评价商品

任务二 了解客服工作流程

任务导入

美仪在淘宝网上完成商品购买后，对整个购物流程已经有所了解，但她很好奇客服是如何介入购物流程的，于是她亲身体验了一番客服工作，帮助客户完成了整个购物流程，给客户带来了便捷、温馨、愉悦、宾至如归的购物体验。

任务实施流程

响应咨询→了解需求→商品推介→促成交易→物流跟进→提醒收货→评价跟踪

知识链接

一、客服准备工作

客服在上岗前，需要做好各方面的准备工作，如心态、职业价值观、品牌价值、商品知识等。品牌价值和商品知识在任务三里会有介绍，这里简要介绍一下心态和职业价值观。

心态指从业态度。作为职场新人，应拥有正确的心态，保持良好的工作状态，在工作中要有团队精神、服务精神、大局意识和协同合作意识，保持“空杯”状态，虚心、主动学习，对工作有责任心，把工作当作自己的事业经营。

职业价值观：以客为尊、团结协作、求实创新、诚实守信、开拓进取、务实敬业。

二、客服服务的宗旨和目标

宗旨：以客户为中心，提供更多、更贴心的服务。

目标：让每个客户快乐购买，享受购物的乐趣。

三、客服服务的注意事项

客服在服务时要避免以下问题：

（1）与客户争吵或直接拒绝客户。

（2）回复不及时或过于简单，缺乏耐心。

（3）不正面回答客户问题或答非所问。

(4) 交流过程中关闭聊天窗口。

(5) 不按服务流程为客户服务。

四、客服工作流程

客服工作可划分为售前、售中、售后三个方面。售前主要解答客户购物前咨询的问题，包括对商品和购物流程的咨询；售中主要处理客户下单后收到商品前或交易取消前的一系列问题，包括查单、催单、通知物流发货；售后主要处理投诉类问题，包括物流延误、质量问题产生的退换货、使用指导、非正常使用产生的问题等。客服的具体工作流程如图 4－16 所示。

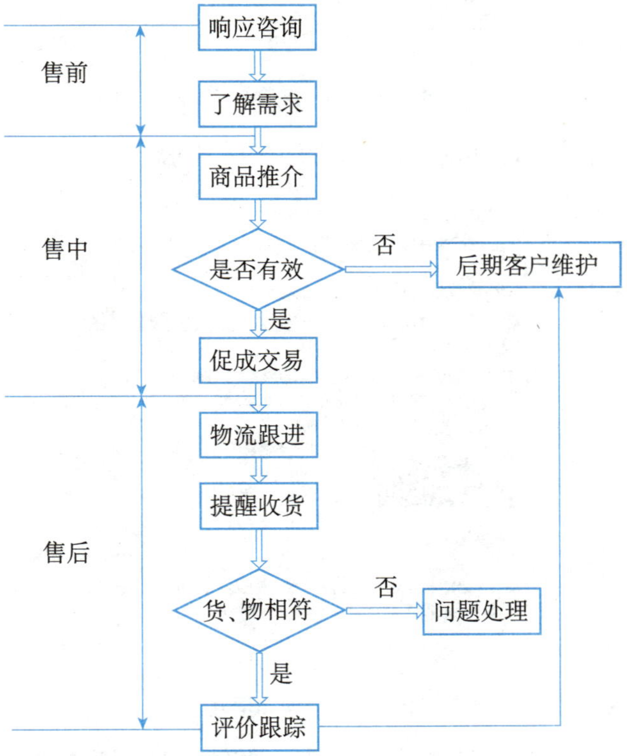

图 4－16 客服的具体工作流程

小任务

接手客服工作，解答客户咨询（由学员充当客户），完成一次交易服务。

任务实施

(1) 响应咨询。响应客户咨询，如图 4－17 所示。

(2) 了解需求。可参照图 4－17 所示方框内的用语来了解客户需求。

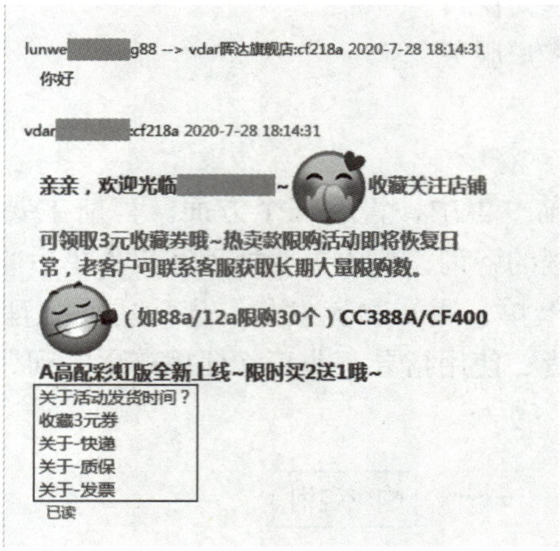

图 4－17　响应客户咨询

（3）商品推介。推介商品活动信息，如图 4－18 所示。

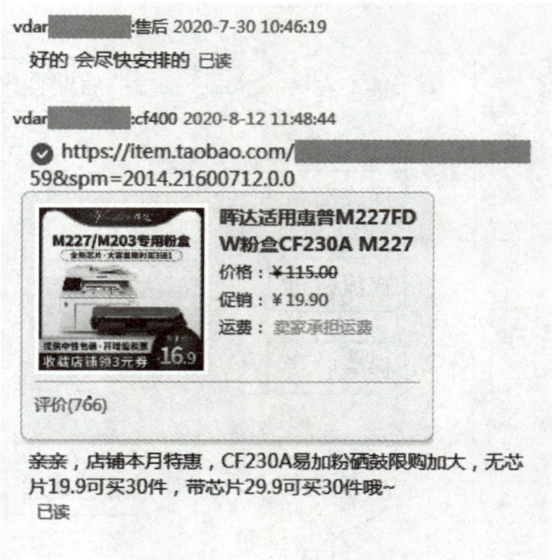

图 4－18　商品推介

（4）促成交易。如果客户只是拍下商品，没有付款，则要进行催单，如图 4－19 所示。

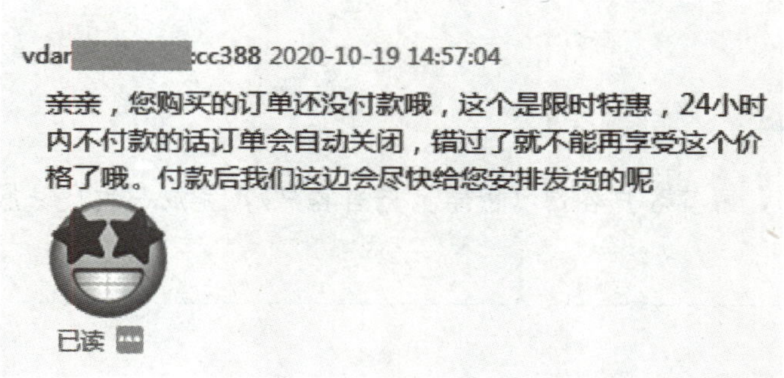

图 4－19　促成交易

促成交易后，提醒客户核对订单信息、收货地址，确保信息无误。

（5）物流跟进。进入“卖家中心—已卖出的宝贝—查看物流”，跟进物流信息，如图 4－20 所示。

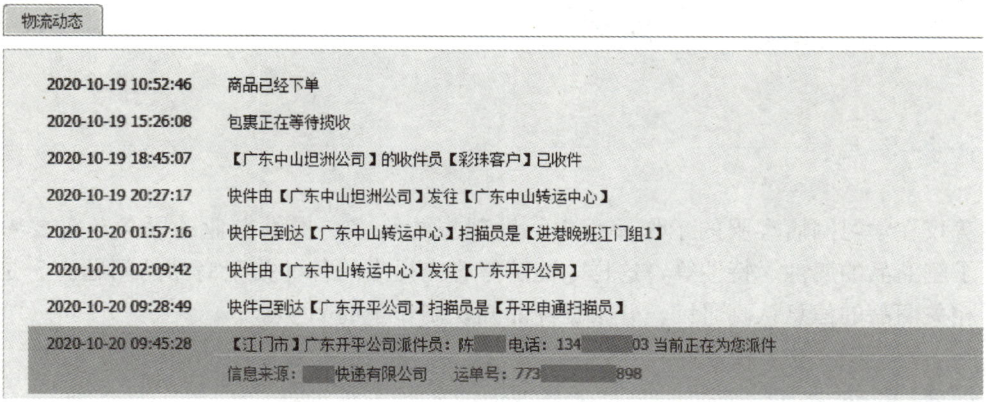

图 4－20　物流跟进

（6）提醒收货。通过旺旺或手机短信，提醒客户收货确认，如图 4－21 所示。

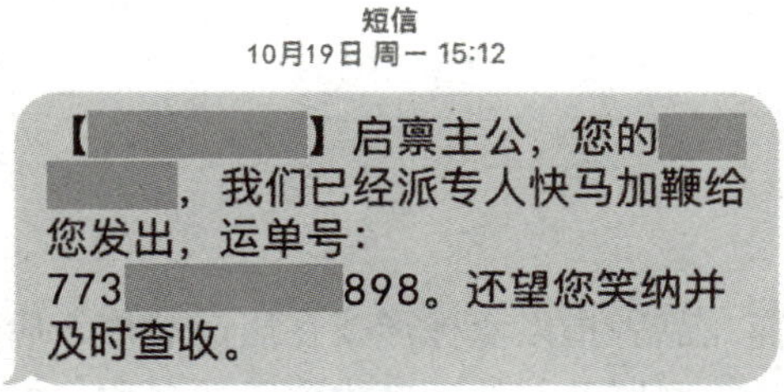

图 4－21　提醒客户收货确认

（7）评价跟踪。货物送达后，提醒客户给予好评，如图 4－22 所示。

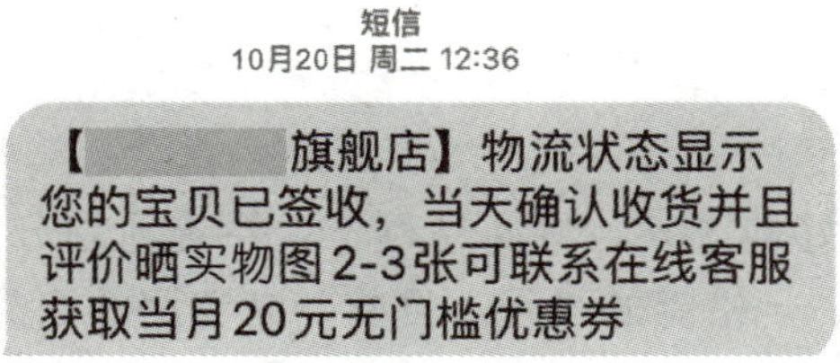

图 4－22　评价跟踪

当发现有中差评的时候，应及时与客户沟通，了解情况，帮助其解决问题，建议其修改评价。

任务三 熟悉商品知识

任务导入

美仪在学习网店客服的工作流程中，发现想要给客户提供专业的服务还需要熟悉商品，了解商品的属性、特性等，这样才能解答客户提出的各种关于商品的问题。于是她找来了相关商品的信息认真研读，并根据商品知识制作了商品手册。

任务实施流程

获取商品资料→阅读商品详情→概括商品知识→介绍商品

知识链接

一、商品品牌

在淘宝规则平台中，商品品牌指以商标形式在店铺装修、店铺名称、域名、商品信息中，或商品包装、广告宣传、展览及其他活动中展示的名称、标志，且该商标已获得受理通知书或注册证书。相对商品而言，商品品牌包含两层含义：一是指商品的名称、术语、标记、符号、设计等方面的组合体；二是代表有关商品的一系列附加值，包含功能和心理两方面的利益点。

二、商品分类

商品分类是指为了更好地统筹，将商品科学、系统地划分为门类、大类、中类、小类、品类以至品种、花色、规格等的过程。目前，淘宝网的商品大类主要分为 17 类，如图 4-23 所示。

图 4-23 淘宝网的商品大类分类

三、商品规格

按大小：不同的商品大类对大小有不同的描述，其中鞋的单位为尺码，女鞋常见尺码为35码～37码，男鞋常见尺码为40码～42码；衣服尺码为XS、S、M、L、XL，对应加小号、小号、中号、大号、加大号。

按重量：单位g、kg，对应克、千克。

按容量：单位ml、l，对应毫升、升。

按长度：单位cm、m，对应厘米、米。

四、商品知识

不同行业的商品知识会有所差别，如在服装行业中，商品知识包括商品的材质面料、规格型号、功效功用、特性特点、风格潮流、配套商品等。

材质面料：包括成分、配比、特性等。

规格型号：指商品的物理性状，包括体积、长度、重量等。

功效功用：功效是指商品的使用结果，功用是指商品的适用范围。如大衣的功效是保暖，功用是适用于冬天。

特性特点：是指与同类商品相比较的优势，如衣服更透气、限量版等。

风格潮流：是指款式、颜色等流行元素。

配套商品：是指对商品进行搭配推荐，如购买裤子时，推荐皮带的搭配。

五、商品手册

作用：有助于客服熟悉商品和方便日后查找商品。

制作方法：制作商品手册时应先根据商品特点列出类目，如服装类目的商品手册一般包括编号、图片、品名、品牌、货号、款式、尺码、颜色、面料、数量、售价等，然后根据实际情况逐个填写。商品手册模板如表4-1所示。

表4-1 商品手册模板

编号	图片	品名	品牌	货号	款式	尺码	颜色	面料	数量	售价	发货	邮费	备注
1		简璞 复古撞色 条纹超细 棉针织衫 短袖上衣 女春夏	简璞	TOW-2678	套头	S、M、L	黑白条纹	棉	74	198元	中山	包邮	适用年龄：25～29岁 服装版型：修身 风格：通勤 袖长：短袖 款式：套头 厚薄：常规 衣长：常规款

小任务

根据商品知识，制作商品手册。

任务实施

（1）进入商品页面，如图 4 - 24 所示。

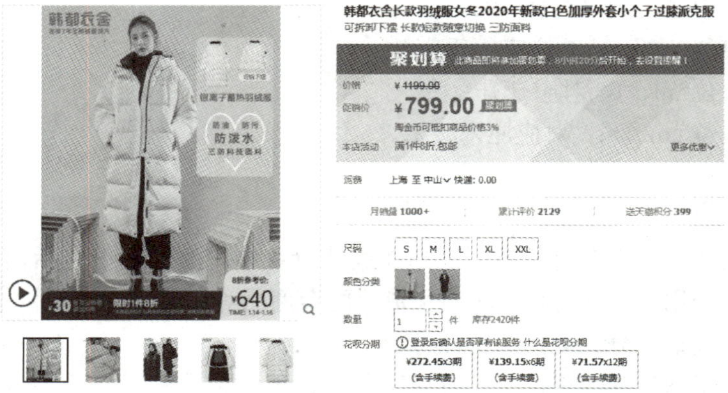

图 4 - 24　商品页面

（2）阅读商品详情页信息。

产品参数页面如图 4 - 25 所示。

品牌名称：HSTYLE/韩都衣舍

产品参数：

品牌: HSTYLE/韩都衣舍	适用年龄: 18-24周岁	尺码: XS S M L XL XXL
风格: 通勤	通勤: 韩版	领子: 连帽
颜色分类: 黑色 白色	袖型: 常规	填充物: 白鸭绒
货号: LU9605..	上市年份季节: 2020年冬季	厚薄: 加厚
衣长: 长款	服装版型: 直筒	流行元素/工艺: 口袋 拼接 纽扣 拉链
充绒量: 200g(含)-250g(不含)	含绒量: 80%	材质成分: 聚酯纤维100%

图 4 - 25　产品参数页面

商品信息如图 4 - 26 所示。

图 4 - 26　商品信息

商品尺码信息如图 4－27 所示。

尺码	肩宽	胸围	上衣长	下摆围	前衣长	袖长	领宽
XS	48	112	63	112	106	53	24
S	51	118	63.5	118	106.5	53	24.5
M	54	124	64	124	107	53	25
L	57	130	64.5	130	107.5	53	25.5
XL	58	132	68	132	113	57	26
XXL	61	138	68.5	138	113.5	57	26.5

因手工测量方法和款式不同　存在1-3CM误差属合理范围

图 4－27　商品尺码信息

（3）概括商品知识，填写表 4－2。

表 4－2　商品知识

商品名称	
材质面料	
规格型号	
功效功用	
特性特点	
风格潮流	
配套商品	

（4）制作商品手册，填写表 4－3。

表 4－3　商品手册

编号	图片	品名	品牌	货号	款式	尺码	颜色	面料	数量	售价	发货	邮费	备注

（5）介绍商品。利用千牛工作台，由同学充当客户，借助商品手册准确、详细地回答客户的咨询。

任务四　参与店铺推广

任务导入

为迎接电商行业一年中最重要的“双十一”大促销活动，公司做了大量的店铺推广活动，美仪作为客服实习生必须熟悉各项活动，准确地把推广信息送达客户。

任务实施流程

收集推广信息→了解推广信息→制作促销活动执行手册→向客户送达推广信息

知识链接

一、店铺推广与营销

店铺推广：即运用一定媒介，有计划地进行网店广告宣传活动。简单地说，就是要让客户“知道我们”。

店铺营销：即客户上门后，利用有效的促销手段促使交易成功。简单地说，就是让客户“选择我们”。

二、店铺推广的意义

（1）让客户在众多商品中发现本店铺的商品。
（2）让客户在众多店铺中进入本店铺。
（3）让客户购买本店铺的商品。
（4）让客户成为回头客。

三、店铺推广的方式

店铺推广的方式按是否收费可分为免费推广和收费推广，如图4-28所示。

- 店铺推广
  - 免费推广
    - 公众号推广
    - 微博推广
    - 短视频推广
    - 百度推广
    - 问答推广
    - ……
  - 收费推广
    - 直通车推广
    - 淘宝客推广
    - 钻石展位
    - ……

图4-28 店铺推广方式分类

四、店铺推广的内容

不同的店铺推广包括不同的内容，一般包括活动形式、活动主题、活动内容、活动目标、活动细则、活动资料、简明流程、标准回复、注意事项等。在送达店铺推广内容时，可以制作促销活动执行手册。

五、促销活动执行手册的作用和制作方法

作用：有助于客服更快地熟悉促销活动内容，准确地向客户推广促销商品。

制作方法：先列出类目，一般包括活动名称、活动形式、活动主题、活动内容、活动目标、活动细则、活动资料等，然后根据实际情况逐项填写。

小任务

参与店铺的活动推广。

任务实施

（1）召开推广活动会议。店长召开推广活动会议，讲解推广活动背景和推广要求等，并下发相关推广活动资料。推广活动资料如图 4－29 所示。

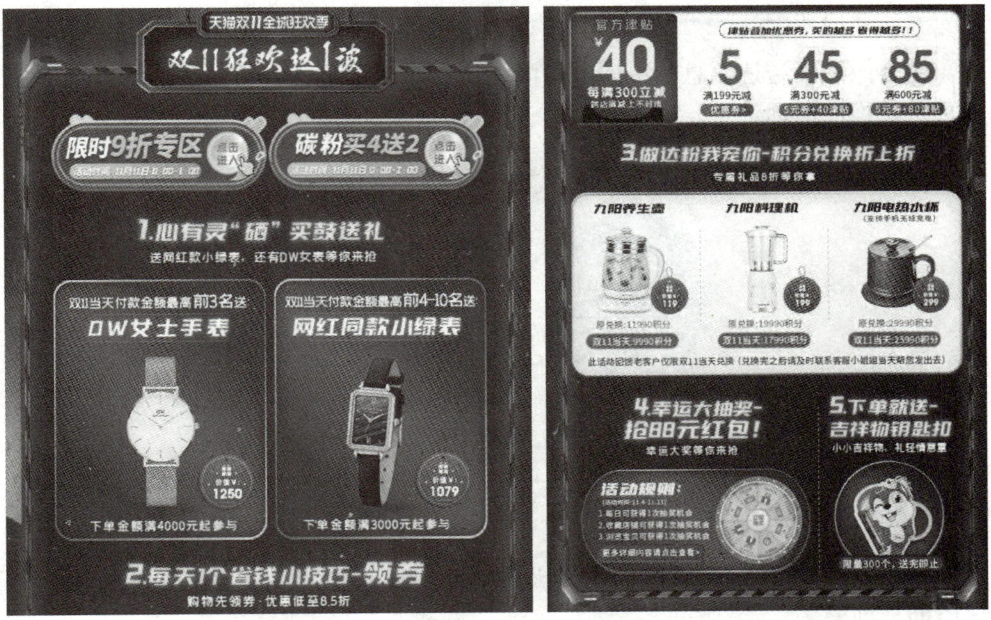

图 4－29　推广活动资料

（2）收集推广活动信息。客服人员参加推广活动会议，领取推广活动资料，了解公司推广活动的最新信息，并做好记录。

（3）认真研读推广活动资料，对不清楚的活动内容及时进行反馈以获得解答。

（4）总结推广活动的内容，制定促销活动执行手册，如表 4－4 所示。

表 4-4 促销活动执行手册

活动名称	格韵狂欢周
活动形式	包邮、满减、满就送、折扣、抽奖、积分兑换等
活动主题	“双十一”狂欢第一波
活动内容	全场包邮，限时折扣，领券购物，碳粉买 4 送 2
活动目标	提高转化率，提高销量
活动细则	全场包邮，碳粉买 4 送 2，专区限时 9 折，同时享受官方津贴满 300 减 40，店铺满 199 减 5、满 300 减 45、满 600 减 85，积分换礼，买硒鼓送表，幸运抽奖，买就送钥匙扣等
活动资料	热卖专区：网址链接
简明流程	如何使用优惠券：点击领取优惠券，消费达到规定金额，系统自动抵扣优惠券
标准回复	如果客户议价：亲，“双十一”价格优惠还可以叠加各种优惠券，可以说是全年最低啦，所以不能再议价了呢
注意事项	每个 ID 限购 10 件
备注	

(5) 向客户准确送达信息。由同学扮演客户，通过千牛咨询商品推广活动，客服准确地向客户送达推广活动信息。

任务五 了解物流流程

任务导入

“双十一”大促销活动让店铺的销量大增，库房积压了很多需要配送的货物，美仪被调派去协助处理发货。

任务实施流程

配货→包装→发货→跟踪

知识链接

一、物流

物流是指货物在从供应地向接收地的实体流动中，根据实际需要，将运输、储存、装卸、搬运、包装、流通加工、配送、信息处理等功能有机结合起来满足客户要求的过程。

二、物流成本

物流成本是指货物在包装、搬运、装卸、运输、储存、流通加工等物流环节中所支出的人力、物力和财力的总和。

三、物流时效

物流时效是指及时、高效、保质保量地将货物按照要求送达客户。

四、物流网点

物流网点是指储运仓库、流通仓库、中转仓库等物流网络结点。

五、商品编号

商品编号又称商品代号，是人们赋予某种或某类商品的一个或一组有序的符号排列，以便于人或计算机识别商品与处理商品，分为数字型、字母型、混合型和条码型。

具体编号时，可把商品区分类别，将类别以缩写拼音表示，每一类别的具体商品以两位或三位数字表示，如短裤，可将商品编码为 DK01～DK100。

六、运输包装

商品包装包括销售包装和运输包装。运输包装是为了保障商品在运输过程中的安全而做的包装。

运输包装材料材质广泛，常用瓦楞纸箱、气泡袋、编织袋、PVC 管材等。通常根据包装材料购买成本、商品重量、商品特性选择合适的包装材料，如比较重、对防震要求高的冰箱等家电可以用木板条箱子包装。

另外，在商品包装的时候，应做好隔离防震，常用的内部填充物材料有海绵、塑料袋、气泡膜、硬泡沫、报纸团等，如图 4 - 30 所示。

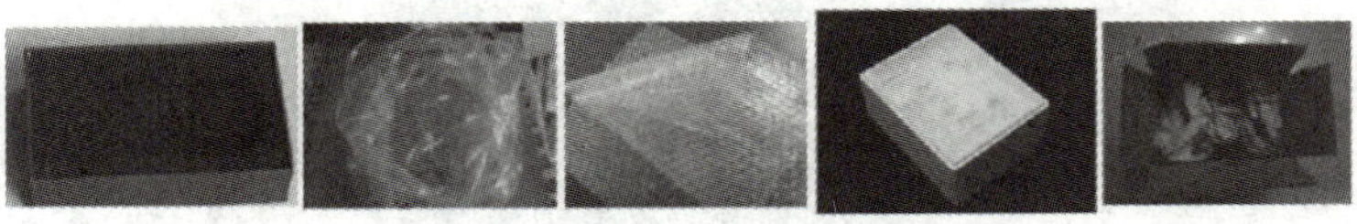

海绵　塑料袋　气泡膜　硬泡沫　报纸团

图 4 - 30　内部填充物材料

七、物流方式

目前，淘宝网店铺基本采用快递发货，大件商品走物流运输。物流流程如图 4 - 31 所示。

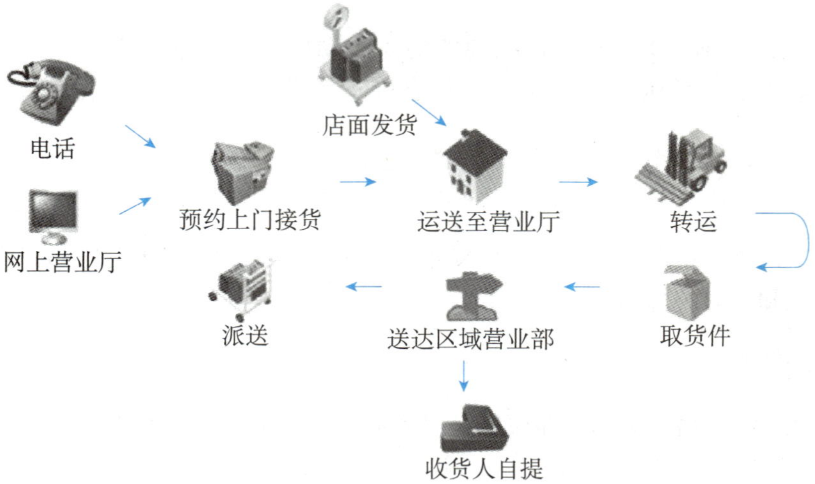

图 4 - 31　物流流程

小任务

根据交易订单，准确配货、包装，并联系快递公司发货。

任务实施

（1）配货。根据交易订单的商品编号到仓库寻找对应的商品，如图 4 - 32 所示。例如，交易订单的商品编号为 DK009，则到仓库短裤 DK 货架寻找 009 号商品。

图 4 - 32　配货

（2）包装。根据商品特性，选择合适的包装材料和填充物。如果是衣服，可以选择带有气泡膜的塑料袋或纸箱，需要防皱的衣服最好选择纸箱。

下面以纸箱为例，按照打包四要点进行包装，如图 4－33 所示。

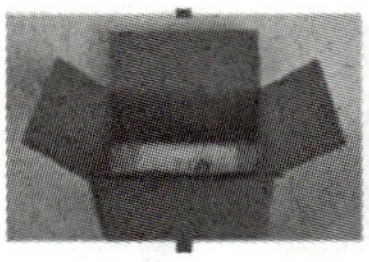
避重就轻

严丝合缝

原封不动

表里如一

图 4－33　打包四要点

避重就轻：商品和纸箱内壁的四周预留 3 厘米左右的缓冲空间，并用填充物将商品固定好，以达到隔离和防震的目的。

严丝合缝：用填充物塞满商品和纸箱之间的空隙，使纸箱的任何一个角度都能经得起外力的冲撞。

原封不动：纸箱的所有边缝都要用封箱胶带密封好，既可以防止商品外露或液体侵入，又可以起到防盗作用。

表里如一：在纸箱封口处贴上防盗封条，防止内件丢失。如果是到邮局柜台寄平邮，要等工作人员做过安全检查才能封口。

（3）发货。根据费用、时效、网点等因素选择合适的快递公司，通过电话预约或者网络联系等方式通知快递公司上门取货、发货。

（4）跟踪。货物发出后要及时跟踪物流信息，如有因天气或其他原因导致发送延误，应及时与客户沟通，避免客户不满，如图 4－34 所示。

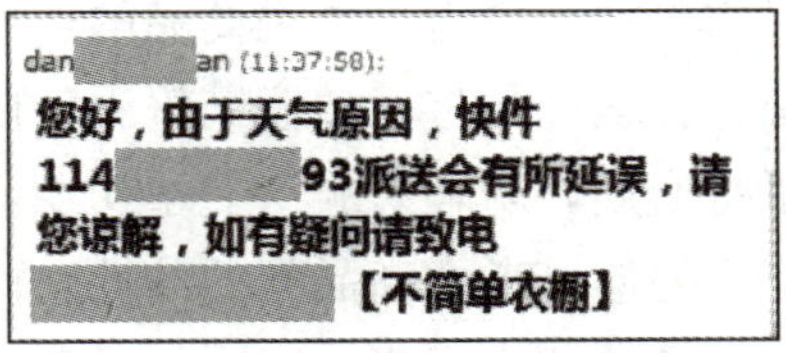

图 4－34　物流跟踪

项目总结

经过本项目的学习，美仪对淘宝网购物流程、客服工作服务流程、商品知识、店铺推广和物流流程都有了基本的认识，同时领悟到实操更有利于知识的理解和应用，以后要多利用机会参与网店客服的实际工作。

知识拓展

利用商品特性进行关联销售

我们来看一个成功达成有效关联销售的沟通案例，如图 4－35 所示。

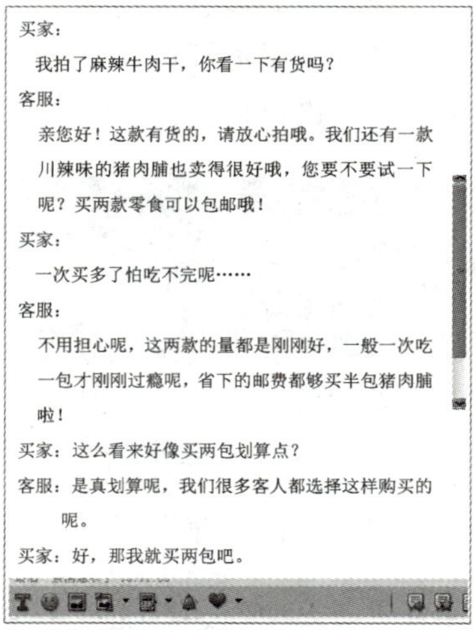

图 4－35　沟通案例

当客服知道客户已经拍下麻辣牛肉干后，判断客户喜欢吃辣味的零食，于是马上按照客户的喜好和需求推荐一款川辣味的猪肉脯。当客户表示担心一次买的量太多吃不完的时候，客服马上说明这两款商品实际的量并不算太多，并且因为好吃，所以一般一次吃一包才刚刚过瘾。解决了这个关于量的问题以后，客服接着又有技巧地推了客户一把，就是抓住客户在网络购物时最关心的邮费问题，告诉客户买两包是可以免邮费的，而省下来的邮费都够买半包猪肉脯了，所以最终客服的推荐被客户所接受。

这个成功地说服客户的沟通案例，实际上用到了在线销售中很重要的一个技巧，就是“关联商品推荐”。关联商品推荐的关键就是商品之间要有共性，这个是非常重要的。

让我们来思考一下，如果你是一个销售母婴类商品的客服，客户咨询的第一件商品是一个待产包，那么你可以再推荐什么商品进行关联销售呢？防辐射服吗？当然不对！都要买待产包了，可见已经进入了待产期，防辐射服这类孕初期就应该买的商品绝对不适合做关联商品推荐。关联商品推荐不但应该考虑商品间的共性，而且要结合生活经验去考虑使用者的实际情况。对于购买待产包的这个客户，客服如果顺便再推荐一个产后恢复用的绑腹带会更容易成功。因为现代女性对身材的要求很高，在生产前她们就开始考虑身材恢复的问题了，在这个时候提前关注到她们的需求才能使关联商品的推荐更容易获得成功！

巩固练习

1. 淘宝网的购物流程有哪些？
2. 客服服务包括哪几个流程？
3. 商品知识包括哪几个方面？
4. 如何参与店铺推广？
5. 网店物流流程有哪些？

项目五

掌握沟通技能

项目介绍

网店客服的工作在电子商务中相当重要。网店客服在整个店铺中扮演着重要的角色，简单来说就是帮助客户顺利完成购买商品的整个过程，同时兼任店铺品牌形象的塑造者，以提高店铺成交量，拉近与客户的距离，培养忠实的老客户。这个过程需要网店客服对客户热情相待，并与客户进行良好的沟通。同样的商品，同样的服务，不一样的客户来了，客服就要说不一样的话，“看人说话”才是沟通的秘诀。

学习目标

▶ 知识目标：

1. 掌握网店客服的规范用语；
2. 掌握有效的沟通技巧；
3. 学会分析客户的类型；
4. 了解客户异议的分类；
5. 了解产生异议的原因。

▶ 能力目标：

1. 熟练掌握网店客服的接待流程；
2. 培养足够的耐心与热情；
3. 学会揣摩客户的心理；
4. 能够在客户讨价还价时灵活运用应对技巧；
5. 掌握应对客户异议的策略。

任务一 运用沟通技巧

任务导入

美仪经过岗前培训后进入网店客服见习阶段，她对新的工作充满期待，但是，第一天上班，她就显得手忙脚乱。带她的师傅淘姐告诉她：客服接待是可以分阶段的，要学会归纳总结，把客户的问题分析归纳，做好应对的准备，这样才能把客服工作做好；除此之外，还要学会与客户沟通，并且是有效的沟通，即让客户满意。美仪迷惑了：接待前要做好什么准备？怎样才能做到有效沟通？

任务实施流程

收集网店客服沟通的基本术语→学习网店客服接待的阶段性技巧→沟通技巧练习

知识链接

因为网络购物时客户看不到实物，所以感觉比较虚幻。为了促成交易，网店客服必须扮演重要角色，因此网店客服沟通技巧的运用对促成订单至关重要。知识、心态是基本功，沟通技巧才是制胜法宝。知识、心态与沟通技巧的关系如图 5-1 所示。

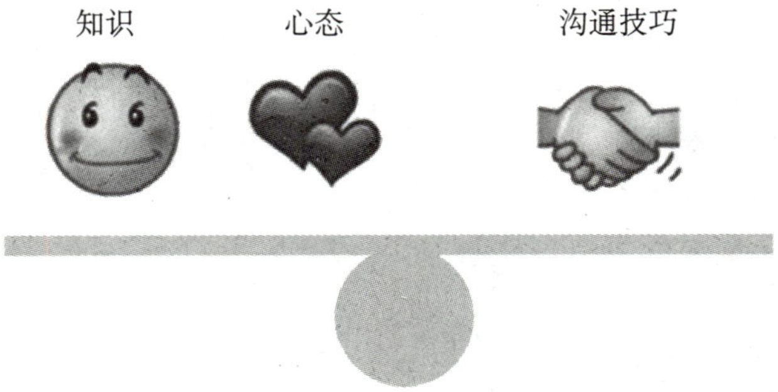

图 5-1 知识、心态与沟通技巧的关系

一、树立端正、积极的态度

树立端正、积极的态度对网店客服来说非常重要，尤其是当售出的商品有了问题的时候，不管是客户的问题还是快递公司的问题，都应该及时解决，不能回避、推脱，要积极主动地与客户进行沟通，尽快提出解决办法。

二、要有足够的耐心与热情

有一些客户喜欢打破砂锅问到底，这个时候就需要客服有足够的耐心和热情，认真地回复，从而给客户一种可信任感。

三、灵活运用旺旺表情

在互联网上与客户交流时是互相看不见的，但一个生动的旺旺表情就能让客户直接体会到网店客服的心情。

四、使用礼貌的语言

礼貌待客，让客户真正感受到网店客服的尊重。客户来了应先说一句“欢迎光临，请问有什么可以为您效劳的”，诚心实意地“说”出来会让客户有一种十分亲切的感觉。少用“我”字，多使用“您”或者“咱们”这样的字眼，会拉近与客户的心理距离。

五、凡事留有余地

在与客户交流时，不要用“肯定”“保证”“绝对”等字眼，最好用“尽量”“争取”“努力”等词语，既让客户感受到自己的真诚，也给自己留一点余地。

六、多检讨自己，少责怪对方

遇到问题的时候，先想想自己有什么做得不到位的地方，诚恳地向客户检讨自己的不足，不要先指责客户。

七、换位思考，理解客户的意愿

当不理解客户的想法的时候，不妨多问问客户是怎么想的，然后把自己放在客户的角度去体会他（她）的心境。

八、尊重对方的立场

当客户表达不同的意见时，要力求体谅和理解客户，尽量用“我理解您现在的心情”或者“我也是这么想的”之类的句子来表达，这样客户会觉得客服在体会他（她）的想法、能够站在他（她）的角度思考问题；同样，他（她）也会试图站在客服的角度来考虑。

九、保持相同的谈话方式

对不同的客户，客服应该尽量用和他们相同的谈话方式与之交谈。如果客服常常使用网络语言，而有的客户对客服使用的网络语言不理解，就会感觉交流有障碍，这时客服就应该改变谈话方式。

十、经常对客户表示感谢

当客户及时完成付款或者很痛快地达成交易时，客服应该衷心地对客户表示感谢。

十一、坚持自己的原则

在销售过程中，客服经常会遇到讨价还价的客户，这个时候应当坚持自己的原则。如果店铺在制定价格的时候已经决定不接受议价，那么客服就应该向议价的客户表明这个原则。

小思考

沟通分哪些阶段？与客户沟通时要注意哪些问题？

任务实施

1. 上网收集客服沟通基本术语

上购物网站搜索“直播补光灯”类别的商品，针对某款商品（见图 5－2）制作客服沟通术语模板（见表 5－1）。

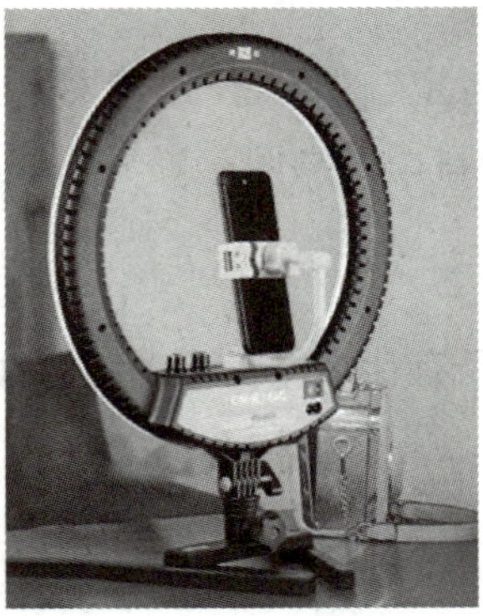

图 5－2　直播补光灯

表 5－1　客服沟通术语模板

类别	术语
欢迎	
对话（商品参数）	
议价	
支付	
物流	
跟进	
结束	

2. 了解客服接待过程

客服接待过程一般要分阶段进行，把客户的问题分析归纳，做好应对的准备。

（1）欢迎。

当买家有购买意向、向客服问好时，客服应及时反应，主动向买家问好，介绍自己的旺旺名，发送商品优惠链接、店铺推广链接等。

向买家问好示例如图 5－3～图 5－5 所示。

图 5－3　向买家问好示例 1

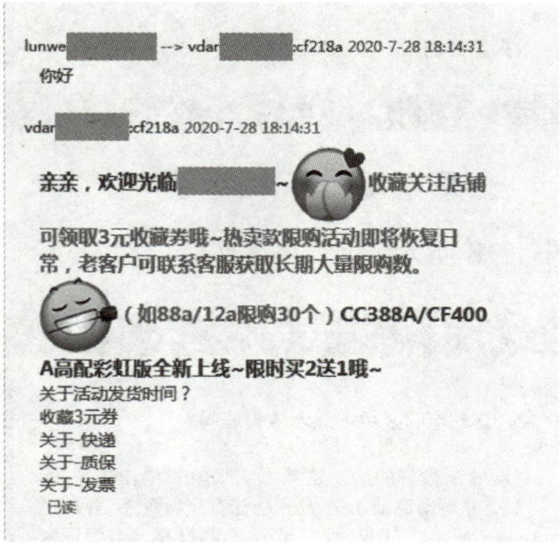

图 5－4　向买家问好示例 2

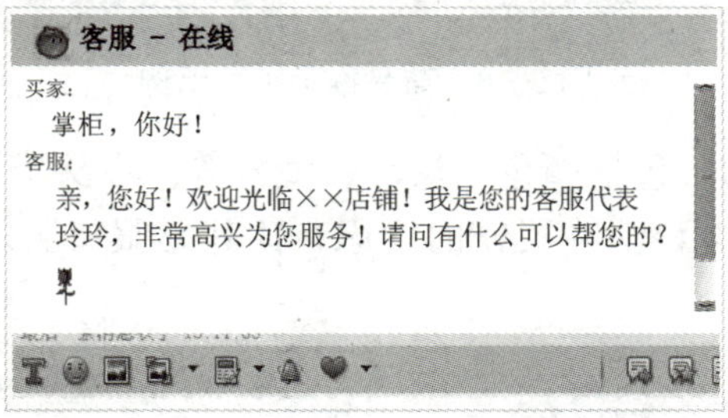

图 5－5　向买家问好示例 3

（2）对话。

1）在与买家的对话中，了解买家的需求，根据商品的实际情况如实向买家介绍，并提供适当的参考建议。有关商品对话的示例如图 5－6 所示。

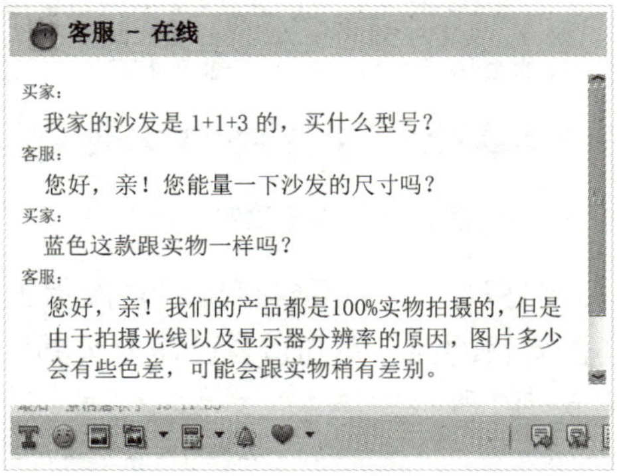

图 5－6　有关商品对话的示例

2）对商品本身的沟通，包括质量、功能、是否为正品等。在回答买家的问题时，不能过于简短、生硬，要结合商品的特点与买家的提问，从专业的角度给予回答，尽量使买家满意。

商品推荐反面示例如图 5－7 所示。

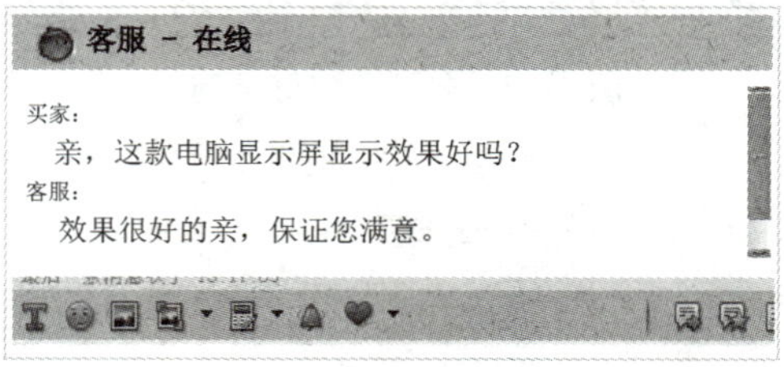

图 5－7　商品推荐反面示例

商品推荐正面示例如图 5－8 所示。

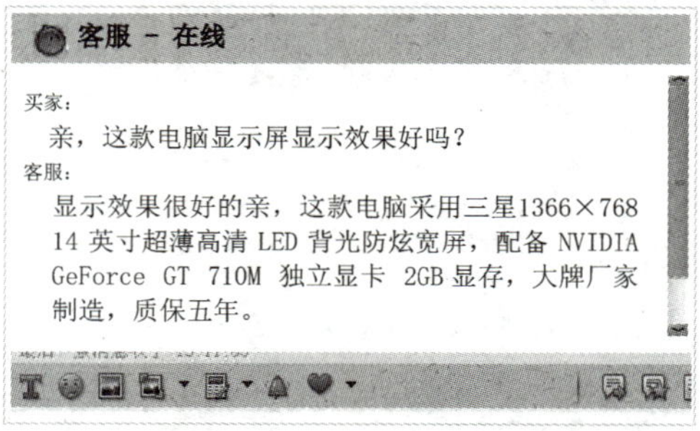

图 5－8　商品推荐正面示例

3）对商品本身的沟通，包括颜色、尺码、型号等。在买家咨询时，客服切忌惜字如金，应尽量详细地解答问题，消除买家的疑虑，让其心服口服。商品推荐示例如图 5－9 所示。

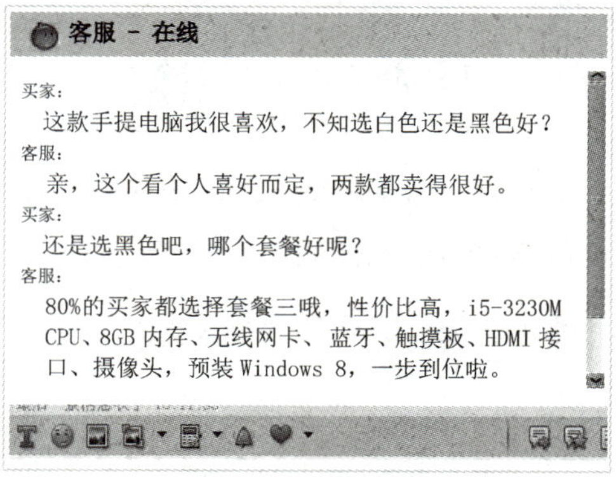

图 5－9　商品推荐示例

4）如果买家询问的商品刚好没货了，不要直接回复没货了，要通过引导的方式了解买家更多的信息。当买家还没有目的性、不知道自己需要买哪款时，要有针对性地向买家推荐。关于缺货的示例如图 5－10 所示。

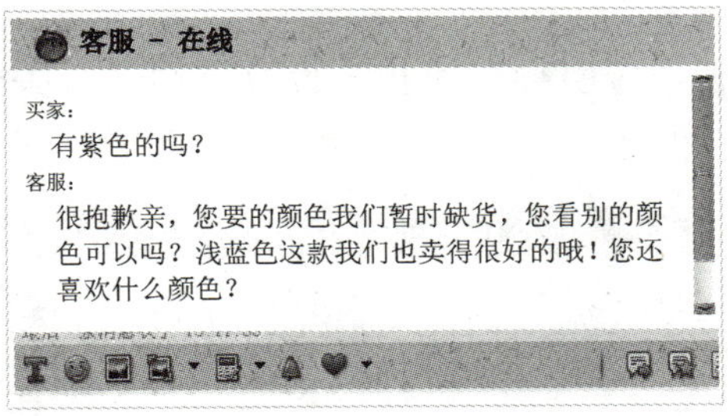

图 5 - 10　关于缺货的示例

（3）议价。

1）当买家嫌贵时，应委婉地告诉买家要全方位比较，一分钱一分货，还要看商品的材质、工艺、包装、售后等。说明定价理由的示例如图 5 - 11 所示。

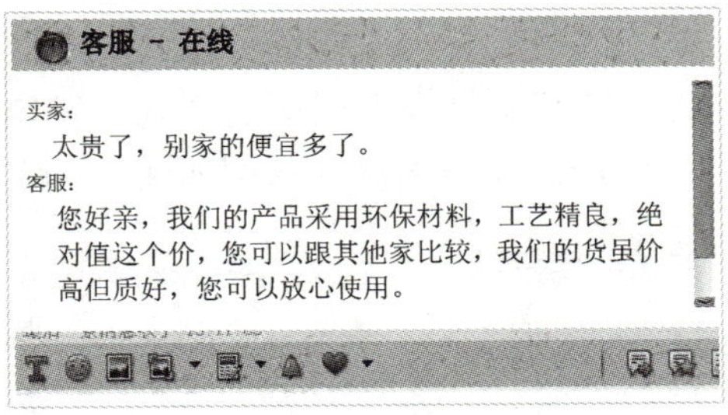

图 5 - 11　说明定价理由的示例

2）在不议价的情况下，适当优惠或送小礼品可满足个别买家追求更加优惠的心理。关于优惠的示例如图 5 - 12 所示。

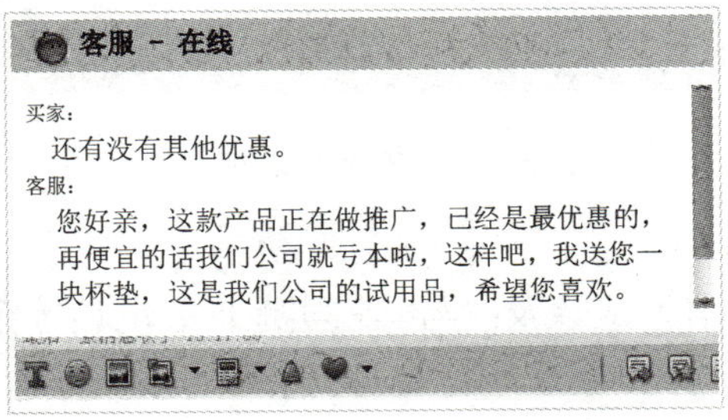

图 5 - 12　关于优惠的示例

3）天猫商城是无法更改宝贝价格的，所以不能答应给予价格优惠，客服可以根据买家购买的商品的价格及数量决定是否可以给予包邮或赠品。关于商城价格说明的示例如图 5 - 13 所示。

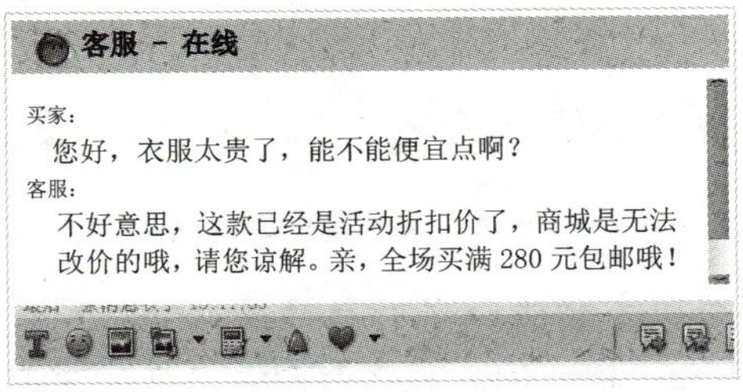

图 5 - 13　关于商城价格说明的示例

（4）支付。

买家有购买意向后，客服应引导买家拍下商品并付款。关于支付的示例如图 5 - 14 所示。

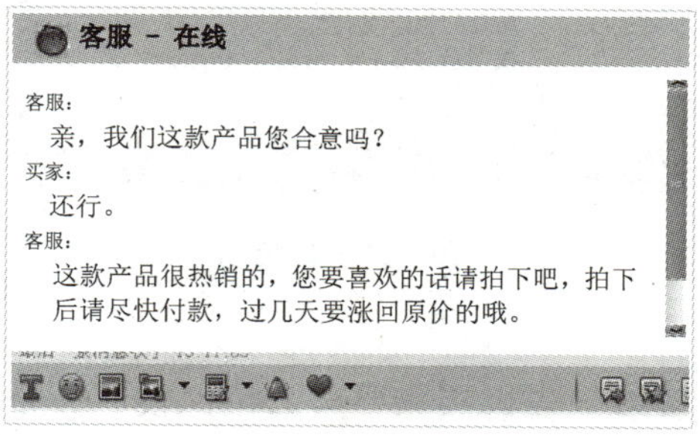

图 5 - 14　关于支付的示例

（5）物流。

客服应确认买家的订单能否直接送达，及时跟进查询，发现问题要第一时间通知买家并说明情况，避免因物流产生纠纷。关于物流的示例如图 5 - 15 所示。

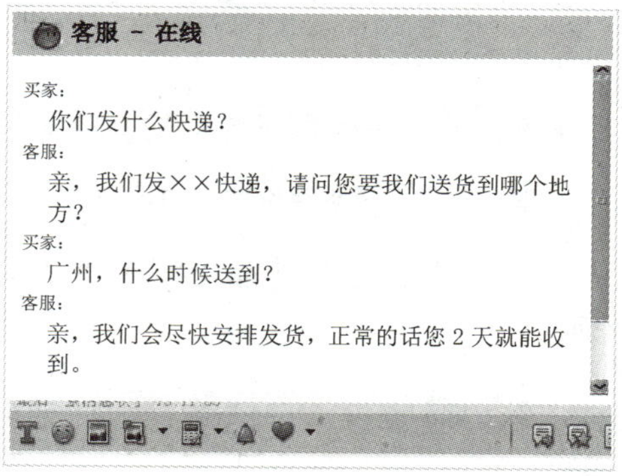

图 5 - 15　关于物流的示例

（6）跟进。

1）买家拍下商品后，客服应该及时与其核实地址、电话等个人信息是否准确。另外，应特别关注个性化留言，做好备忘录，有效避免错发、漏发等情况，尽可能减少售后不必要的麻烦和纠纷。关于确认的示例 1 如图 5 - 16 所示。

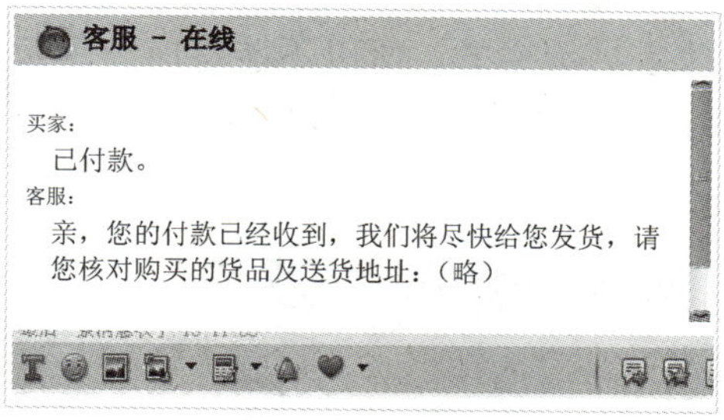

图 5 - 16　关于确认的示例 1

2）有些进程不是客服可以控制的，当买家得到的保证不能兑现时，会从期望变成失望，会责怪客服，令店铺声誉受损，因此凡事要留有余地，不要把话说死。关于确认的示例 2 如图 5－17 所示。

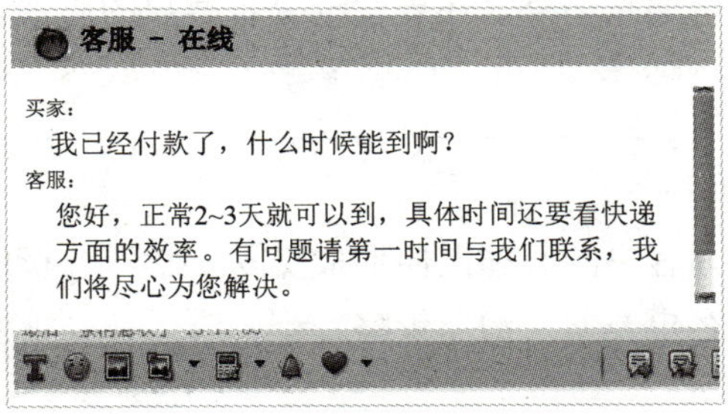

图 5－17　关于确认的示例 2

（7）结束。

交易结束，应与买家道别，要注重礼貌，给买家留下良好的印象。无论成交与否，都要表现得大方热情，特别是因为议价没有成交的，买家因为客服的诚恳、热情而回头再购买的概率也很高。道别示例如图 5－18 所示。

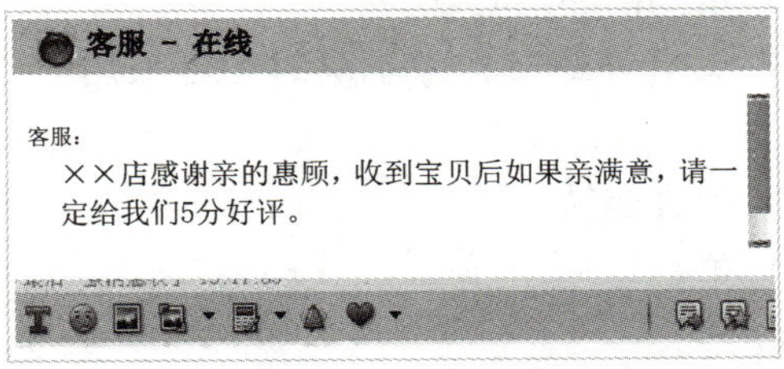

图 5－18　道别示例

3. 模拟练习沟通技巧

学生分组，模拟电子商务买卖中买家与客服的对话，练习沟通技巧，并把对话的内容记录在表 5－2 中。

表 5－2　沟通对话

买家	客服

任务二　掌握客户心理

任务导入

美仪在网店客服实习过程中，发现客户的诉求千差万别，同一个问题使用同一种技巧回答，效果却不一样，这是为什么呢？美仪请教师傅，她的师傅淘姐说，我们面对客户时，除了正确使用有效的沟通技巧外，还要学会分析客户的心理，做到知己知彼。

任务实施流程

了解客户的心理—掌握客户的心理以便促成交易—学习分析网店客户类型及相应的接待策略—上网查找更多的客户类型及沟通策略

知识链接

一、在促成交易的过程中如何把握客户的心理

（1）利用“怕买不到”的心理。

（2）利用客户希望快点拿到商品的心理。

（3）当客户一再出现购买信号却又犹豫不决时，可采用“二选其一”的技巧来促成交易。

（4）帮助准客户挑选，促成交易。

（5）巧妙反问，促成订单。

（6）积极推荐，促成交易。

二、网店客户类型分析及接待策略

按客户性格特征分类及应采取的接待策略见表 5-3。

表 5-3　按客户性格特征分类及应采取的接待策略

分类	特征	接待策略
友善型	性格随和，具备理解、宽容、真诚、信任等美德，通常是店铺的忠诚客户	提供最好的服务，不因为对方的宽容和理解而放松对自己的要求
独断型	异常自信，有很强的决断力，不容易接受意见和建议，通常是投诉较多的客户	小心应对，尽可能满足其要求，让其有被尊重的感觉
分析型	有很强的逻辑思维能力，对公正的处理和合理的解释可以接受，善于运用法律手段保护自己	真诚对待，作出合理解释，争取对方的理解
自我型	以自我为中心，从不习惯站在他人的立场上考虑问题，绝对不能容忍自己的利益受到任何伤害	学会控制自己的情绪，以礼相待，对自己的过失真诚道歉

按客户购买行为分类及应采取的接待策略见表 5-4。

表 5-4　按客户购买行为分类及应采取的接待策略

分类	特征	对策
交际型	很喜欢聊天，成交了也就成了朋友，至少很熟悉了	要热情如火，并把工作的重点放在这种客户上

续表

分类	特征	对策
购买型	直接买下商品，很快付款，收到商品直接给好评	不要浪费太多的精力，如果执着地和他保持联系，他可能会认为是一种骚扰
礼貌型	在购物过程中因为客服的热情，会额外购买一些商品	能有多热情就做到有多热情
讲价型	讲了还讲，永不知足	要咬紧牙关，坚持始终如一，注意保持自己的微笑
拍下不买型	拍下不买，只是玩玩，根本没有购买的意愿，或者是竞争对手的恶意行为	可以投诉、警告，也可以当作什么都没发生

小思考

在交易过程中如何把握客户的心理？

任务实施

1. 应对不同心理的客户

许多准客户即使有意购买，也不喜欢迅速下订单，总要东挑西拣、再三犹豫，这时候客服要掌握客户的心理，从而促成交易。

(1) 客户已经有比较明显的购买意向，但还在犹豫中。鉴于越是得不到、买不到的东西，就越想得到它、买到它，此时客服要利用买家“怕买不到”的心理来促成订单。示例如图 5-19、图 5-20 所示。

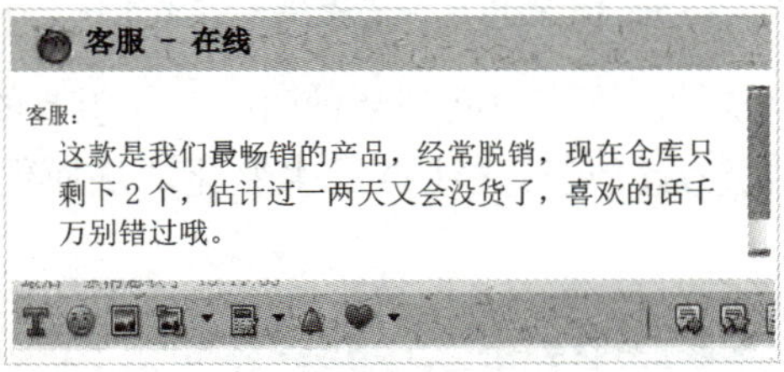

图 5-19 利用客户心理促成订单示例 1

图 5-20 利用客户心理促成订单示例 2

(2) 大多数客户希望在付款后越快寄出商品越好，这种方法对于可以用网银转账或在线支付的客户尤为有效。示例如图 5-21 所示。

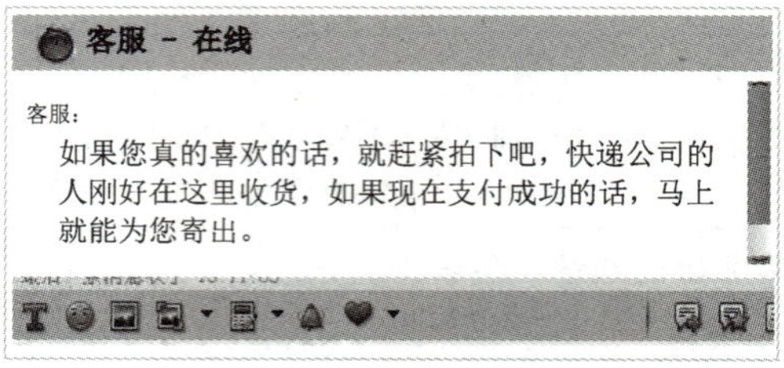

图 5－21　利用客户心理促成订单示例 3

（3）客户犹豫不决拿不定主意时，使用“二选其一”的问话技巧，只要客户选中一个，接下来就是客服帮他拿主意，从而让他下决心购买。示例如图 5－22、图 5－23 所示。

图 5－22　利用客户心理促成订单示例 4

图 5－23　利用客户心理促成订单示例 5

（4）某款商品某种颜色缺货。当客户问到某种商品，他想要的那种颜色刚好缺货时，就得运用反问来转移买家的注意力，使其关注点发生变化，从而促成订单。示例如图 5－24 所示。

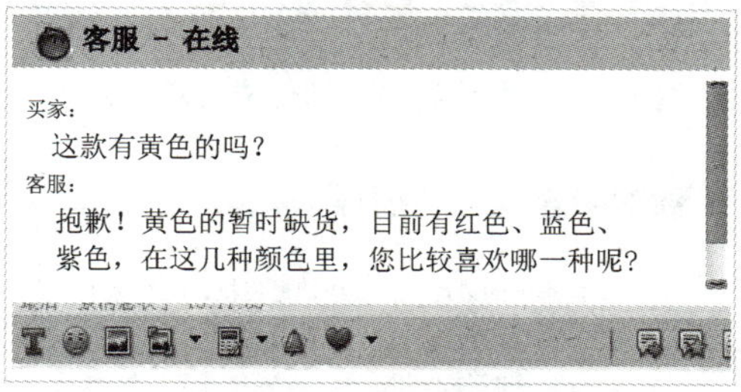

图 5－24　利用客户心理促成订单示例 6

（5）当客户拿不定主意，需要客服推荐的时候，客服应尽可能多地推荐符合客户要求的款式，在每个链接后附上推荐的理由，以此来促成交易。示例如图 5－25 所示。

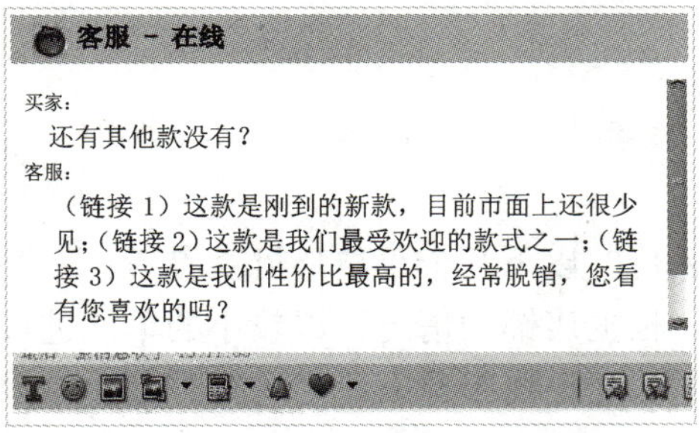

图 5 - 25　利用客户心理促成订单示例 7

2. 应对不同客户的沟通策略

了解网店客户的特点、基本类型，对于提高网店客服的服务质量和服务效率有极其重要的作用。

只有了解客户想什么，才能从不同角度来介绍商品。例如，有些客户只是为了满足他的最基本需求，即一种能解决问题的商品，那么这种客户属于哪种类型？应采用什么方法和他交流？有些客户喜欢按自己的方式思考，不接受别人的建议，还爱投诉。对这样的客户，应采用什么方法与他沟通？

因分析方法不同，对于客户的类型有许多不同的分类，目前还没有一个统一的标准。上网查找更多的客户类型及沟通策略，记录在表 5 - 5 中。

表 5 - 5　不同客户类型的沟通策略

客户类型	沟通策略

任务三　应对讨价还价

任务导入

美仪在工作中经常遇到一些客户讨价还价，一番较量下来，没有经验的美仪总是败下阵来，交易也总是因为客户对优惠不满意而泡汤；有时候美仪急于达成交易，让利过大，触及公司的成本底线，又会受到上司的批评。两头不讨好，这让美仪很泄气。

任务实施流程

体验讨价还价的过程→学习讨价还价的技巧→学习应对客户讨价还价的策略→分组模

拟对话练习

知识链接

如何应对客户的讨价还价？以下几个小技巧可供参考：

（1）较小单位报价法。根据店铺的情况，以较小的单位进行报价，一般强调数量。

（2）证明价格是合理的。无论出于什么原因，客户都会对价格产生异议，大都认为商品价格比他想象的要高得多。这时，客服必须证明商品的定价是合理的，证明的办法就是多讲商品在设计、质量、功能等方面的优点。只要客服能说明定价的理由，客户就会相信购买是值得的。

（3）在小事上慷慨。在讨价还价过程中，买卖双方都是要做出一定让步的，如何让步是关键。虽然每个人都愿意在讨价还价中得到好处，但并非每个人都是贪得无厌的，多数人是只要得到一点点好处就会感到满足。客服在洽谈中要在小事上做出十分慷慨的样子，使客户感到已经得到对方的优惠或让步了。

（4）比较法说明价格的合理性。比较法通常是拿所推销的商品与另外一种商品相比，以说明价格的合理性。在运用这种方法时，如果能找到一个很好的角度来引导客户，效果会非常好，比如把商品的价格与日常支付的费用进行比较等。

（5）讨价还价要分阶段进行。与客户讨价还价要分阶段一步一步地进行，不要一开始就亮底牌，不能一下子降太多，要坚持越往下谈价格降幅越小的原则。客服千方百计地与客户讨价还价，不仅仅是尽量卖个好价钱，同时也是为了使对方觉得战胜了对手、得了便宜，从而产生一种满足感。假如让客户轻而易举地就把价格压下来，其满足感会不强烈，还会有进一步压价的危险。

小思考

如何与客户讨价还价？

任务实施

1. 应对不同客户的讨价还价

讨价还价是客户的天性，讨价还价的过程不是可有可无的，客服要像挤牙膏似的一点一点地与客户讨价还价。要让客户相信客服说的都是实在话，他（她）确实得到了优惠价。同时，也要让客户相信客服的态度是很认真的，不是商品质量不好才让价，而是被逼得没办法了才被迫让价，这样一来，会使客户产生买到了物美价廉的商品的感觉。

（1）客户有购买意向，想磨点好处。客服在沟通前期要跟客户拉近距离，一边打感情牌一边让利；降价要分步骤，讲究策略；通过来回让步，逐渐去找双方的交点成交，这样既能显示诚意，又能避免不降价或降价太快而导致客户流失。示例如图 5-26 所示。

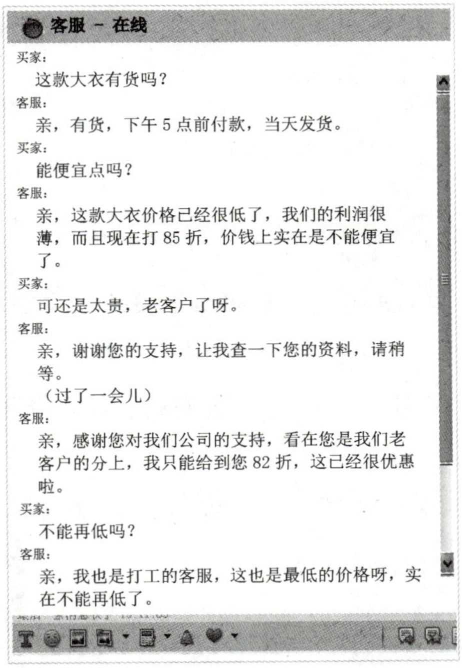

图 5-26　讨价还价的示例 1

（2）客户在价格上犹豫。遇上实在难缠的客户，又想做他的生意，不妨使用踢球减价法，目的在于让客户感觉客服在为他努力争取低价。示例如图 5-27 所示。

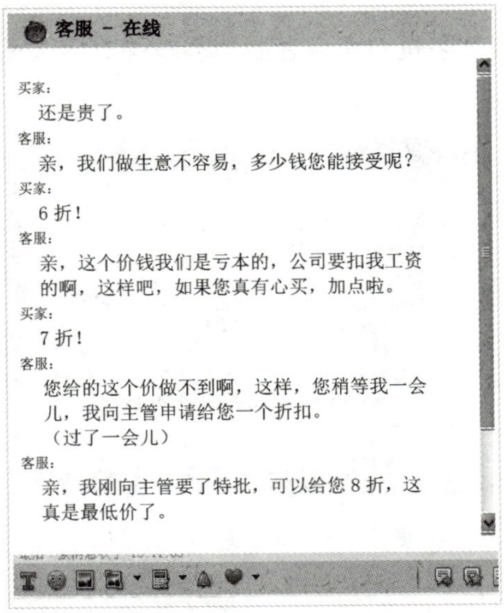

图 5-27　讨价还价的示例 2

（3）客户退缩。遇到这种情况，客服应做最后努力，比如通过送一些小礼品，把客户争取过来。示例如图 5-28 所示。

2. 思考讨论

对于客户的讨价还价，要注意在不同的情况下使用不同的策略。思考以下问题，学习应对客户讨价还价的策略。

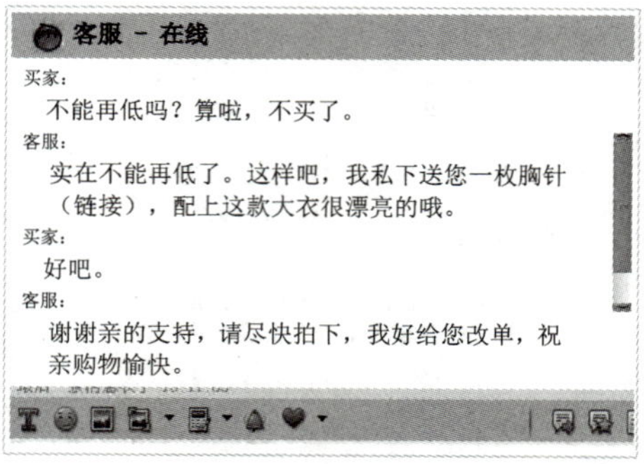

图 5-28　讨价还价的示例 3

问题 1：请分析下例（见图 5-29）中的客服犯了什么错误。你认为客服应该怎样与客户讨价还价？

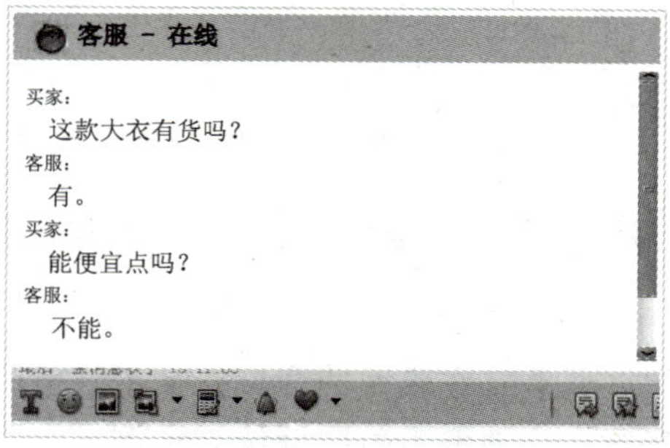

图 5-29　讨价还价的示例 4

问题 2：下例是某品牌豆浆机专卖店客服与客户的对话（见图 5-30），客服在讨价还价中采用了哪种方法？

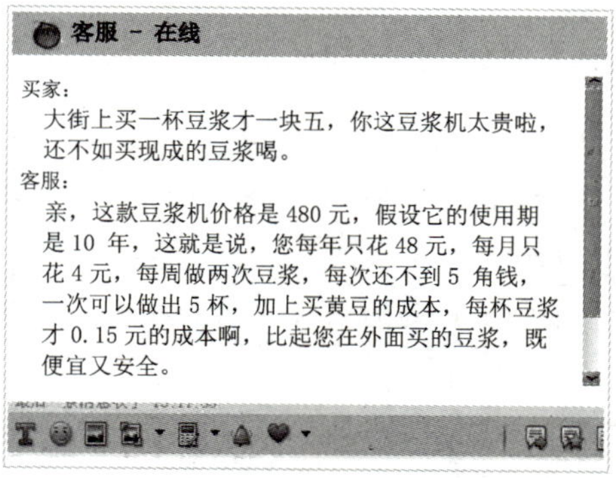

图 5-30　讨价还价的示例 5

3. 模拟训练

学员分组，模拟沟通环节，练习讨价还价的技巧，并把对话及使用的策略记录在表 5-6 中。

表 5-6　讨价还价练习

买家	客服	策略

任务四　排除客户异议

任务导入

美仪在客服工作中常遇到一些客户在作出决定前犹豫不决，不停地问这样那样的问题，就是定不下来，美仪既心急又疲于应付。究其原因，还是美仪不懂得帮客户排除疑问，客户的疑问未除，又怎能达成交易？

任务实施流程

学习排除客户异议的技巧→学会分析客户异议的类型及产生的原因→学习应对排除客户异议的方法→分组模拟对话练习

知识链接

一、常见异议的类型

1. 真异议

客户认为目前没有需要，或对商品不满意，或对商品持有偏见。

2. 假异议

客户用借口、敷衍的方式应付网店客服人员，目的是不想诚意地和网店客服人员交谈。

3. 隐藏的异议

客户并不把含有真正目的的异议提出，而是提出各种假异议，借此假象创造解决异议的有利环境。

二、异议产生的两种源头

只有了解异议产生的可能原因，客服才能更冷静地判断异议产生的真正原因，并针对原因“有的放矢”，真正有效地化解异议。

1. 客户的原因（见表 5－7）

表 5－7　客户的原因

分类	特征
拒绝改变	多数人对改变都会习惯性地产生抵触情绪
情绪处于低潮	可能没有心情来谈，也容易提出异议

续表

分类	特征
没有意愿	客户的意愿没有被激发出来，没能引起他的注意及兴趣
需求无法满足	客户的需求不能充分被满足，因而无法认同店铺的商品
预算不足	预算不足，因而产生价格上的异议
借口、推托	客户不想花时间来谈
抱有隐藏的异议	客户抱有隐藏的异议时，会提出各种各样的表面异议

2. 网店客服人员的原因（见表 5－8）

表 5－8　网店客服人员的原因

分类	特征
无法赢得好感	无法赢得客户的好感，举止、态度让客户反感
夸大、不实的陈述	以不实的说辞哄骗客户，结果带来更多的异议
过多的专业术语	专业术语过多，客户觉得自己无法理解并提出异议
事实调查不正确	引用不正确的调查资料，引起了客户的异议
不当的沟通	说得太多或听得太少，无法把握住客户的需求点
展示失败	展示失败会立刻遭到客户的质疑
姿态过高	处处强势，会令客户感觉不愉快，提出主观异议

三、面对客户异议时应持有的正确态度

（1）异议是客户表达内心想法的最好方式。

（2）异议经由处理能缩短销售周期，而争论则会拖延甚至葬送销售进程。

（3）没有异议的客户才是最难应对的客户。

（4）异议表示提供的利益仍然不能满足对方的需求。

（5）注意聆听，区分真异议、假异议和隐藏的异议。

（6）不可用夸大、不实的话来处理异议，当不知道如何答复时请说“我将尽快答复”。

（7）将异议视为客户希望获得更多信息的信号。

（8）异议表示客户仍有求于你。

四、异议处理的方法

1. 忽视法

客户提出一些反对意见，但并不是真的想要获得解决或讨论，而且这些意见和眼前的交易没有直接的关系，客服只需面带笑容表示同意他的观点即可。

2. 补偿法

当客户提出异议且有事实依据时，客服应该先承认并欣然接受，极力否认事实是不明智的举动，然后利用商品的其他优点来补偿和抵消客户异议。

3. 太极法

太极法取自太极拳中的借力使力。当客户提出某些不购买的异议时，客服立刻回复说：“这正是我认为您要购买的理由！”也就是说，客服应立即将客户的反对意见直接转换成购买的理由。

4. 询问法

通过询问，客服既能了解客户真实的反对原因，也能有较多的时间思考如何处理客户

的反对意见。

5. “是的……如果”法

屡次正面反驳客户会让客户恼羞成怒，因此，客服最好不要开门见山地直接提出反对意见。在表达不同意见时，尽量使用“是的……如果”这种软化意见的句式。

6. 直接反驳法

在有些情况下，客服必须直接反驳以纠正客户的错误观点。例如，当客户对企业的服务、诚信有所怀疑或当客户引用的资料不正确时，客服就必须直接反驳。

小思考

如何化解客户异议？

任务实施

1. 应对不同客户的异议

客户异议是在销售过程中客户表现出来的不赞同、质疑或拒绝。客服在沟通过程中，要分析客户异议的类型及产生的原因，才能向客户做有针对性的解释，消除客户异议。

（1）质量和售后的问题。大部分的客户在做购买决策的时候，通常会了解三方面的情况：一是商品的品质，二是商品的价格，三是商品的售后服务。客服要对商品的售后服务作出承诺，打消客户心中的顾虑与疑问。示例如图 5 - 31 所示。

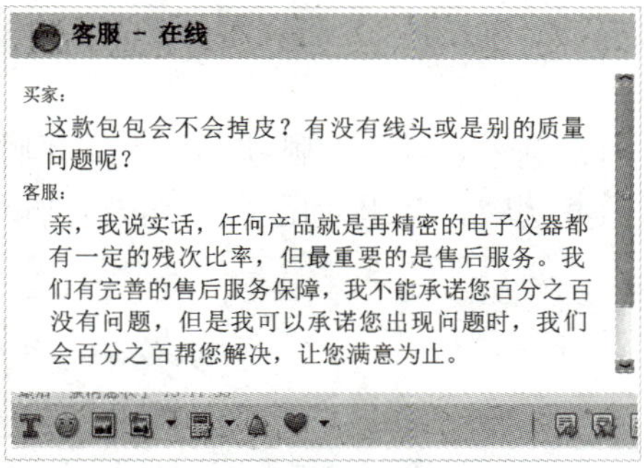

图 5 - 31　排除客户异议的示例 1

（2）客户对几家店铺进行对比。客服不说自己的优势，转向客观公正地说别的店铺的弱势，以消除客户的异议。示例如图 5 - 32 所示。

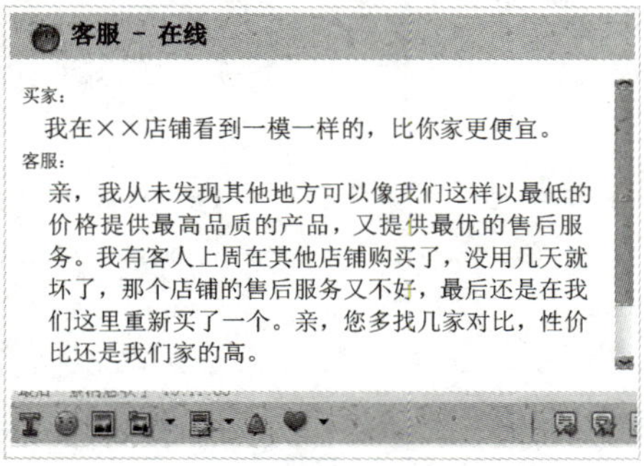

图 5 - 32　排除客户异议的示例 2

（3）购物保障。客服给出比较完整的回复，既不得罪客户，也能详细说明什么情况下可以退换、什么情况下不能退换，可以减少不必要的交易纠纷。

反例如图 5－33 所示。

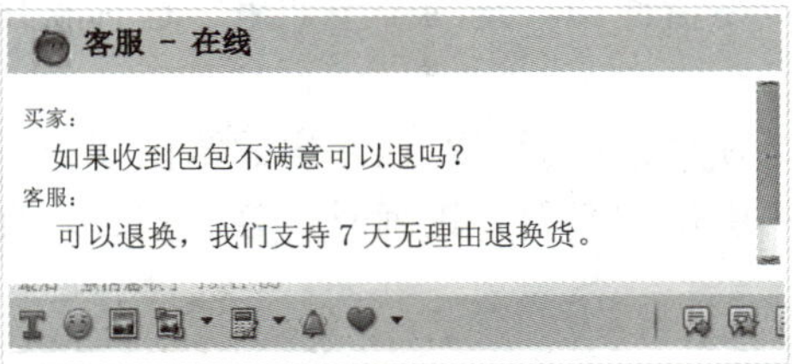

图 5－33　排除客户异议的示例 3

正例如图 5－34 所示。

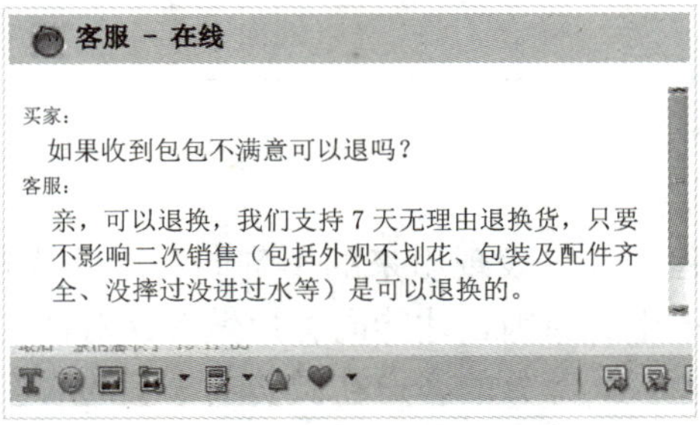

图 5－34　排除客户异议的示例 4

2. 思考讨论

客服在沟通过程中，要根据不同的情况使用不同的策略。思考以下问题，学习应对、排除客户异议的方法。

问题 1：在图 5－35 所示案例中，客户有哪些异议？属于哪种类型？

问题 2：在图 5－36 所示案例中，客服使用了什么方法排除异议？

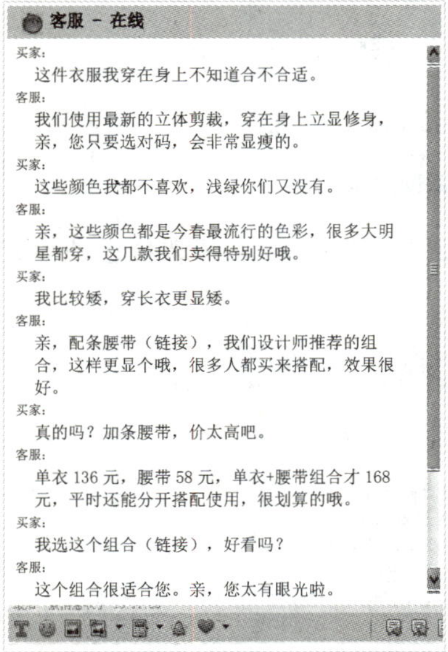

图 5－35　沟通对话示例 1

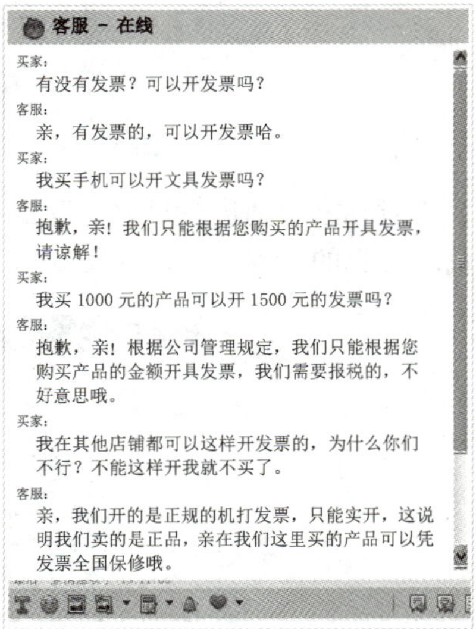

图 5－36　沟通对话示例 2

3. 模拟训练

学员分组，进行排除客户异议的模拟对话练习，并就对话内容进行分析，包括异议的类型、产生的原因和应对的方法，记录在表 5－9 中。

表 5－9　排除客户异议练习

客户	客服	分析		
		异议的类型	产生的原因	应对的方法

项目总结

通过本项目的学习，美仪体验了网店客服的接待全程，掌握了网店客服的规范用语、有效的沟通技巧，学会了分析网店客户的类型，了解了客户异议的分类及产生异议的原因。通过客服沟通练习，美仪培养了足够的耐心与热情，能够独立完成网店客服的接待工作，能够在接待对话中正确揣摩客户的心理从而促成交易，能够在与客户讨价还价的过程中灵活运用应对技巧。

知识拓展

怎样培养一个优秀的客服

客服是网店的窗口，代表着网店的形象和素质。网店生意的好与坏，很大程度上取决于客服水平的高低。

很多网店店主抱怨，店铺装修得很好，宝贝描述也做得美轮美奂，宝贝的性价比也足够诱人，而且店铺的流量、访问量也不是很少，可就是成交量很少或几乎没有。优美的环境，美味、实惠的“菜肴”，可就是没人来“吃”！这就是一个店铺的接待和沟通水平问题了！硬件很硬，软件太软！

一个好的客服就是一个网店的形象，一个会讲话的客服将会给网店带来更多的老客户，一个耐心周到的客服将会让客户感到安心，对商品的使用也会更放心。如果一个网店对客服作用的认识不够，随便找一个或几个只是懂一点点淘宝网流程的人来做客服，那么这个网店只是为了生存，并不想发展壮大。一个优秀的客服对网店的发展很重要，那么，怎样才能培养一个优秀的客服呢？那就是给客服提供系统的培训，如图 5－37 所示。

- 客服培训
  - 培训时间
    - 专业性培训两周
      - 商品培训
      - 新人亲自试用商品
    - 专业性培训两周后，分配一些咨询账号训练
    - 新人见习期两个月
  - 客服文化
    - 工作反馈
      - 好的反馈，高调宣扬
      - 不好的情况，低调分析，重点解决
    - 公司政策
      - 收集好的反馈，第一时间分享
      - 奖励真正站在客户角度考虑问题的客服
      - 客服不是单纯把商品卖给客户
    - 客户维护
      - 并非送得越多客户就越开心
      - 让客户感觉被重视、受优待，感觉占了便宜
      - 客户高兴了，我们才高兴
  - 日常培训
    - 客服总结咨询中遇到的新问题
    - 整理出最新话术
    - 每周分析聊天记录
    - 定期进行分析和培训
      - 分析客户性格、购买习惯
      - 话术的应用是否正确
      - 语气、亲和力是否到位
      - 隐性问题的发现和判断
      - 如何评价竞争商品
      - 塑造专业形象和品牌形象是否到位
      - 是否让客户记住了你
      - 是否在为客户精打细算
  - 危机培训
    - 正确对待中、差评
    - 妙用评价解释机会
  - 客服抗打击培训
    - 自我排解
      - 对上司倾诉
      - 出气玩具
    - 换位思考
    - 理解客户

图 5－37 客服培训

巩固练习

1. 网店客服的接待流程有哪些？
2. 收集电器类别的客服沟通术语。
3. 与客户沟通过程中要注意哪些问题？
4. 怎样理解“客户虐我千百遍，我待客户如初恋”这句话？
5. 当遇到砍价的客户时，如何分阶段进行讨价还价？
6. 讨价还价费时费力，客服能把价格一步降到位吗？为什么？
7. 客户异议有哪几种类型？
8. 对客户异议应该持什么态度？
9. 处理客户异议有哪几种方法？

项目六

售前服务

项目介绍

店铺的销售离不开和客户的前期沟通，良好的前期沟通是促成交易的关键。接待客户对商品和店铺促销活动的咨询、对潜在客户进行推荐销售、对大宗批发等关键项目的掌握，是售前服务工作的重要内容。

学习目标

知识目标：

1. 了解网店售前服务的含义、价值和重要性；
2. 了解进行商品/促销咨询的过程；
3. 了解进行推荐销售的过程；
4. 了解进行大宗批发的过程。

能力目标：

1. 能正确理解网店售前服务的定义和重要性；
2. 能顺利完成商品/促销咨询工作；
3. 掌握进行推荐销售的技巧；
4. 掌握大宗批发的售前服务技巧。

任务一 了解售前服务

任务导入

我们购买一件商品，不管是在实体店还是在网店，第一时间接触的是谁呢？在实体店接触的是营业员，他们解答我们想要咨询的问题，在我们购买商品的过程中提供服务；在网店接触的就是网店客服。网店客服的工作目标和实体店的营业员基本一致，但由于使用网络平台进行销售，其工作方法与实体店还是有些区别的。下面由美仪带着我们去认识一下网店客服售前服务的工作内容。

任务实施流程

访问淘宝大学→查找网店售前客服资源→认识网店售前服务

知识链接

一、售前服务的概念

售前服务一般是指店铺在销售商品之前为客户提供的一系列服务活动，如市场调查、商品设计、提供使用说明书、提供咨询服务等，是一系列旨在提升客户满意度的行为。

二、网店客服售前服务的工作内容

(1) 通过电话、阿里旺旺、QQ、微信等进行商品售前咨询服务工作。
(2) 通过与客户交流，准确记录客户信息并归类存档，形成客户数据库。
(3) 针对不同客户，推荐恰当的商品，引导客户在店铺顺利购买，促成交易。
(4) 了解客户需求，分析总结客户需求并提交总结报告，促进店铺的发展。
(5) 主动与团队其他工作人员及时沟通，保证信息畅通，提高工作效率。

小思考

通过哪种途径可以了解售前服务？

任务实施

(1) 到天猫商城选择感兴趣的商品，利用阿里旺旺与店铺客服进行沟通，如图 6-1、

图 6-2 所示。

图 6-1 到天猫商城选择感兴趣的商品

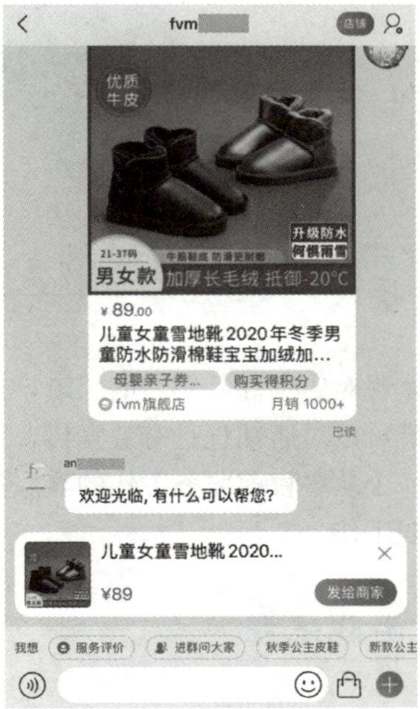

图 6-2 与客服沟通

（2）到京东商城选择感兴趣的商品，利用客服功能与店铺客服进行沟通，如图 6-3、图 6-4 所示。

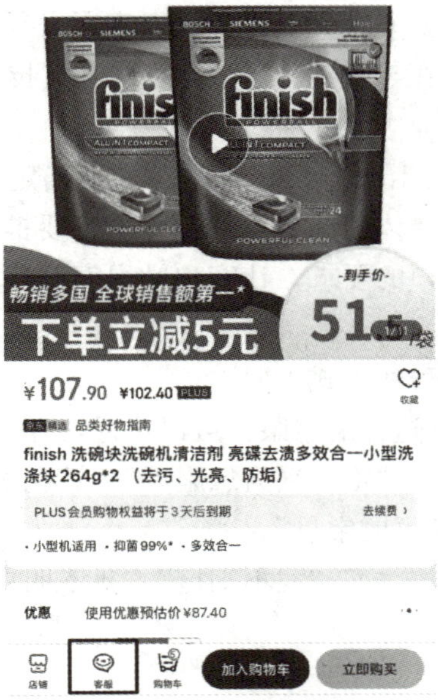

图 6-3 到京东商城选择感兴趣的商品

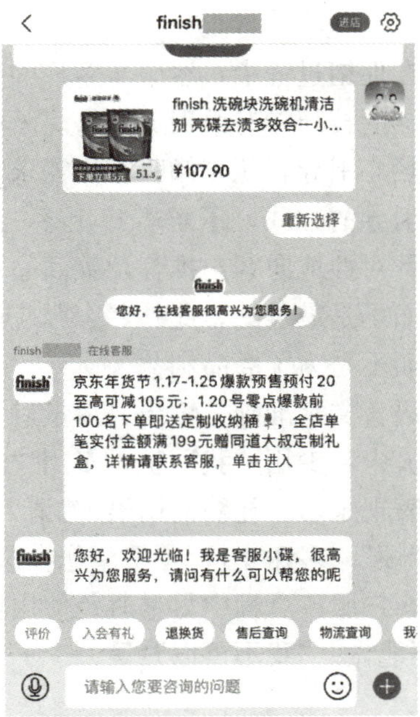

图 6-4 与客服沟通

通过多家电商平台的咨询操作，了解售前服务的基本情况和工作内容。

任务二 商品/促销咨询

任务导入

网店客服对店铺商品知识的了解，是与客户进行沟通交流的重要保障之一。了解了商品知识，既可以对店铺进行有效宣传，又可以满足客户的咨询需求从而促成交易，所以美仪认为每一个从事售前服务工作的客服只有掌握本店铺所销售商品的知识和销售技巧，才能胜任本职工作。

任务实施流程

学习商品类别咨询→学习商品质量推荐→学习商品议价咨询→学习商品销售、利润咨询→完成知识掌握

知识链接

商品在促销过程中，客服与客户的交流非常重要。在交流过程中，客服必须掌握一些技巧，恰当的技巧能有效促成交易。下面列举客服在与客户沟通过程中的几点技巧：

（1）热心引导，认真倾听客户需求。

通过引导的方式，了解客户更多的需求信息。当客户没有目的性、不确定买哪一款时，要有针对性地向客户推荐几款商品；在推荐时要体现出客服的专业性，要推荐客户买最合适的而不是最贵的。此外，客服应认真倾听客户的要求，让客户觉得客服是用心为他挑选商品而不是为了商品利益。

（2）语言文字准确、恰当，尽量避免使用负面表达方式。

在交流中，少用“我”字，多用“您”“咱们”这样的字眼，可以拉近与客户的距离。

常用表现亲切、礼貌的用语：“请”“请问”“亲”“很高兴为您服务”“请稍等”“非常抱歉”“麻烦”“多谢支持”“希望您在这里能找到满意的宝贝”。

在为客户服务过程中尽量避免使用负面表达方式，如“我不知道”“我不明白”“我不会”“我不能做”“我不可以”等。

小思考

如何进行商品咨询？

任务实施

网络销售重在推荐。一个成功的网店，一定要有完善的客户推荐和宣传系统。当一个客户进入店铺时，如何为其提供专业的购买咨询、帮助其顺利地完成购买才是销售成功的关键。

1. 商品类别咨询

淘宝对平台上发布的商品实施类目式管理，每家店铺商品所属类目以及细分类目都有所不同，客服要对本店铺商品类别了然于心，再结合热情主动的态度，让客户感受到优质的服务。如图 6 - 5 所示。

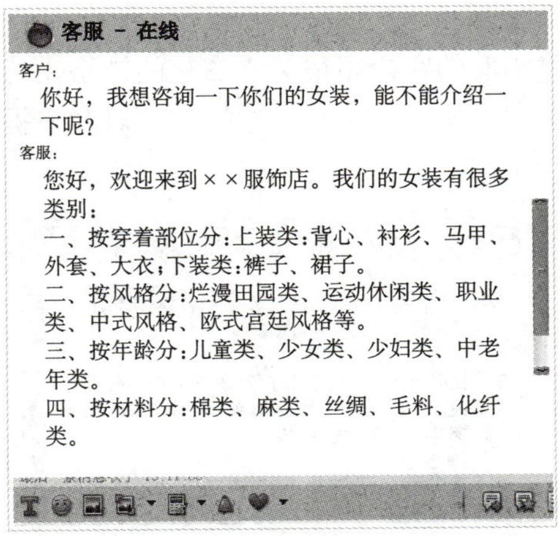

图 6 - 5　商品类别咨询示例

2. 商品质量推荐

根据客户的需求，主动介绍店铺所经营商品的具体情况，供客户购买时参考，如图 6 - 6 所示。

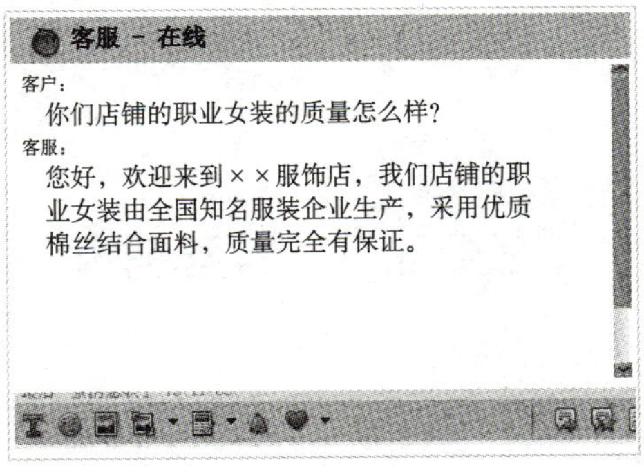

图 6 - 6　商品质量推荐示例

3. 商品议价咨询

根据店铺运营方案的价格策略，在合理的范围内跟客户进行议价，满足客户的购买需求，如图 6 - 7 所示。

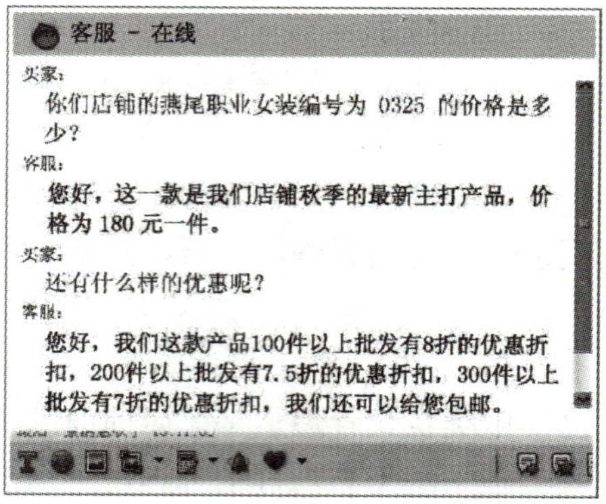

图 6－7　商品议价咨询示例

4. 商品销售、利润咨询

作为业务批发商或者代销商的客户还很关心商品的销售模式、利润分配等，客服应当对本店铺给予此类客户的具体策略了然于心，这样在面对客户提问时就能游刃有余，如图 6－8 所示。

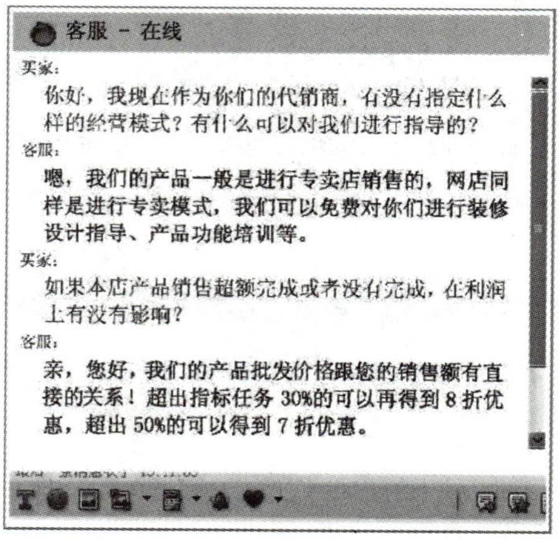

图 6－8　商品销售、利润咨询示例

任务三　推荐销售

任务导入

客户进入店铺后，看到各种不同的商品，不知道如何选择。作为客服的美仪，应如何向客户推荐商品、如何与客户进行交流、如何让客户购买更多的商品、如何解决不同客户的需求呢？这些都是本任务美仪要带着我们学习的推荐销售技巧。

任务实施流程

了解推荐销售的定义→学习推荐销售的基础技能和技巧

知识链接

一、推荐销售的定义

推荐销售就是客服在合理的范围内，向客户推荐店铺所经营的商品，以达到商品销售的目的的系列行为，包括对客户咨询的解答、对客户购买意愿的引导、对店铺商品的推广等。

二、推荐销售的意义

推荐销售是客服售前服务的一项基本工作内容，在当前竞争激烈的网络环境下，推荐销售有着非常重要的意义：

(1) 增加店铺销售额。

(2) 有效进行广告宣传，增加店铺名气。

(3) 完善店铺经营模式，体现网络销售的专业性。

三、推荐销售必备的知识

1. 推荐销售的基本礼仪

推荐销售在电子商务整个流程中的作用非常大。作为客服，需要掌握以下基本礼仪：

(1) 及时回答客户问题。

(2) 语言文字应用恰当。

(3) 语气亲切，话语委婉。

(4) 多倾听客户“意见”，合理建议购买。

2. 推荐销售的基本用语

问候：您好！有什么可以帮助您的？
您好，欢迎来到××店铺，希望您购物愉快。
亲，有什么需要为您服务的？

过程：好的，请您稍等！
好的，马上为您查询！
好的，马上为您核实信息和价格！
实在抱歉，没有您需要的款型，我们会尽快备货！
实在抱歉，让您久等了！
实在抱歉，这个价格没有优惠了，我们可以赠送礼品！
亲，您可以看看我们的其他商品，都很不错的，希望您喜欢！

结束：亲，谢谢您的光临！

亲，欢迎您下次再来！

亲，非常感谢您对我们的信任。

亲，下次来，记得让我为您服务哦！

四、推荐销售的技巧

推荐销售就是向客户介绍商品，在这个过程中，要抓住客户心理，引发客户对商品的兴趣，促成交易，这是客服售前服务的必备技能。

在推荐销售过程中要注意以下事项：

（1）交流及时，态度诚恳。

（2）察言观色，推荐最适合客户的商品。

（3）掌握客户心理，巧妙应用技巧进行推荐。

（4）换位思考，诚信经营。

小思考

如何利用推荐销售技巧达到推荐销售的目的？

任务实施

1. 善于观察，善于推荐关联商品

当客服看到客户已经拍下商品时，即可判断出客户的喜好，马上按照客户的喜好推荐另外一款同类别的商品，并且就客户对商品数量的担忧和邮费问题进行解释，告诉客户连带购买是最简便和最经济的购买方式。示例如图 6－9 所示。

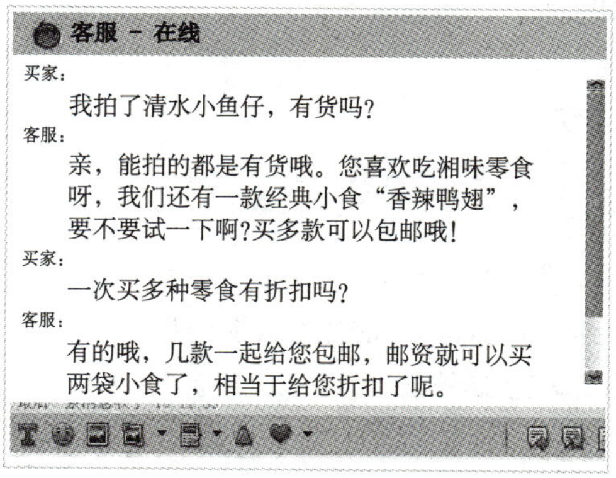

图 6－9 推荐关联商品示例

2. 善于“提问”，站在客户的角度精确推荐

不恰当推荐示例如图 6－10 所示。

不恰当推荐示例中的客服犯了一个明显的错误，就是在没有了解客户需求的情况下把客户不需要的商品进行了推荐，陷入了推荐销售的困境中。在不知道客户具体需求的时候，可以适当地有针对性地提问，去了解客户的喜好和需求特征，让客户觉得客服很专业。

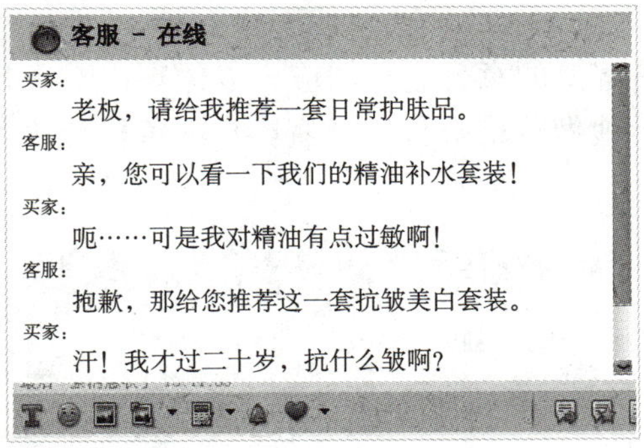

图 6-10　不恰当推荐示例

站在客户的角度进行精确推荐的示例如图 6-11 所示。

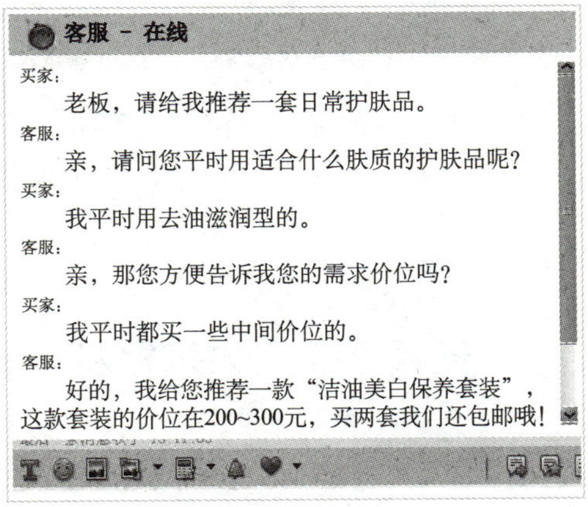

图 6-11　站在客户角度的精确推荐示例

3. 明确商品优势，善于迎合客户心理

客服要明确店铺商品的优势，包括货源的优势、质量的优势和价格的优势。因为现在是一个竞争的时代，要让客户知道我们的商品和竞争者有什么样的差异，能够为客户考虑更多并且能够迎合客户的心理就等于给客户多了一个选择我们商品的理由。示例如图 6-12 所示。

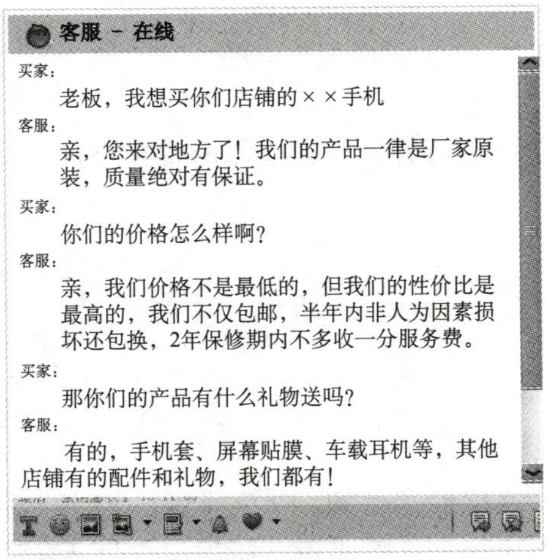

图 6-12　善于迎合客户心理示例

4. 及时回应，巧妙“价格拆分”，进行心理引导

作为客服，要及时对客户的意见进行回应，以体现出对客户的尊重。另外，要学会利用产品的一些特性巧妙地做价格拆分来规避客户的价格异议，以便达成交易。示例如图 6－13 所示。

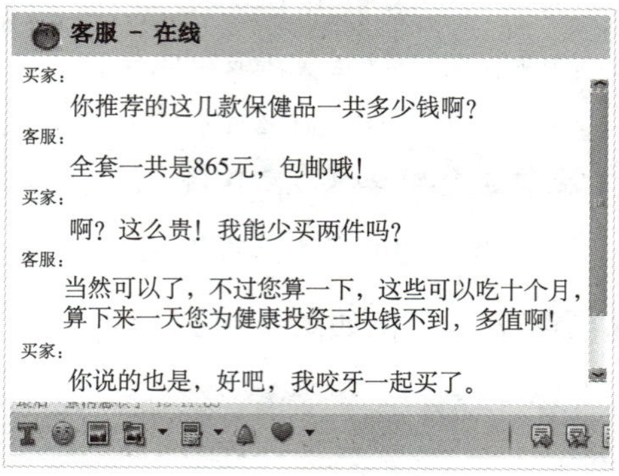

图 6－13　巧妙“价格拆分”示例

任务四　大宗批发

任务导入

电商平台的客流中，不仅有购买自用的最终消费者，也有大宗采购的组织或经营者，后者的数量虽不及前者，但是客单价和利润等都比前者高。如何为大宗采购的客户提供更恰当的服务？下面就让美仪带着我们一起深入学习这项技能吧。

任务实施流程

了解公司大宗商品信息→接待客户→大宗商品批发咨询→商品代理咨询→大宗批发过程中的商品问题咨询

知识链接

一、批发的定义

批发是随着商品经济的发展而产生的。批发业务一般由批发企业来经营，每次出售的商品数量较大并按批发价格出售。一般来说，批发价格低于零售价格。商业批发是生产与

零售之间的中间环节。商业批发活动使社会产品从生产领域进入流通领域，起着组织和调动地区之间商品流通的作用。批发跟零售是不一样的，批发有数量的规定，而零售不限数量。

二、网络批发的优势

（1）进货成本低。网络批发省略了大量的中间环节，使一些交通不便区域的销售者也能越过中间渠道享受最优价格，同时可以节省交通费、差旅费、时间成本。

（2）款式更新快。新款到货当天就可以在网站中及时上架，客户可以在第一时间看到新款并订购。

（3）补货方便。在发紧急货物的时候可以选择发快递，有的快递隔天就到；在发不紧急货物时，可以选择发普通物流。这样张弛有度，店主也有时间管理店务。

（4）货款安全。电子商务交易大多采用担保交易，第三方支付工具发展日益完善，为交易双方营造了安全的交易环境。

（5）批发形式灵活。在传统批发市场中，多数批发商要求购买单件货品达一定数量才算批发，这无疑会加大卖家的库存风险。如今，大部分批发网站提供一件代发、单件混批服务，解除了商家积压货品的后顾之忧。

三、网络批发的缺点

网络批发感受不到商品的质地，只能依靠图片来订货，商品质量可能没有保证，这需要一个建立诚信的过程。因为所有真心做生意的商家都不希望只做一次生意。当然，这其中会有一些不法分子在浑水摸鱼，干一些鸡鸣狗盗之事。因此，网络批发进货时需要提高自己的辨别能力，将风险降到最低。

四、大宗商品批发的客服工作注意事项

1. 公司的折扣

每个公司的折扣不一样，每个商品的批发价格也可能随时发生变化。因此，作为客服应每天跟踪大宗商品的批发价格，及时为分销商和批发商提供最准确的价格优惠。

2. 物流

大宗商品量大，不易运输。因此，在选择物流的时候，对物流最终到达的地点要向客户进行说明，以免引起纠纷。

小思考

如何接待咨询大宗批发的客户？

任务实施

1. 大宗商品批发咨询

大宗商品的批发直接影响企业的销售量，所以客服在接受大宗商品的批发咨询时更应

该把握机会，更好地利用自身优势进行有效的商品宣传、进行全面合理的解答，从而使交易成功。示例如图 6－14 所示。

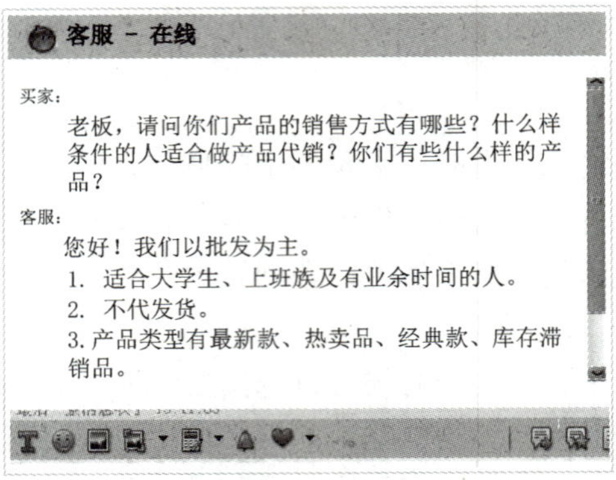

图 6－14　大宗商品批发咨询示例

2. 商品代理咨询

刚入门的网店卖家对网络销售都有极大的热情，但他们基本没有对互联网的认识，对网络销售的认识更是无从谈起，所以在和这样的新网店卖家进行沟通时更应该注意交谈的氛围和语气。示例如图 6－15 所示。

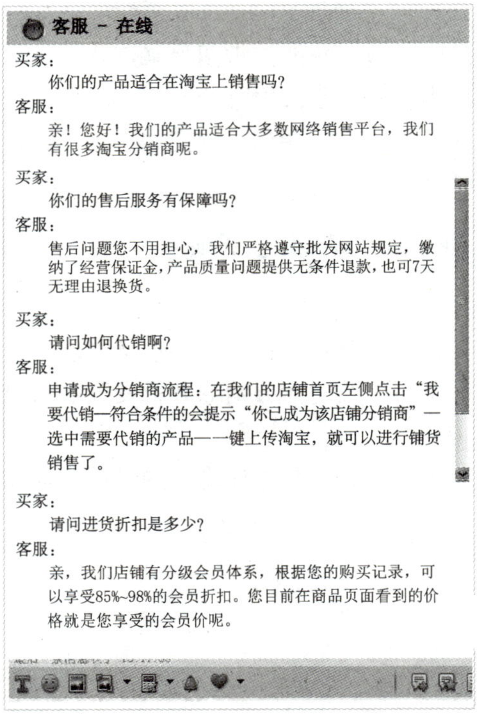

图 6－15　商品代理咨询示例

3. 大宗批发过程中的商品问题咨询

在网络环境下的商品批发过程中，客户只能通过网络图片或者网络视频来了解商品的基本情况。客户对商品信息的了解主要是通过客服，客服的解答是否完整及让客户满意，对客户的购买行为起着决定性的作用。示例如图 6-16 所示。

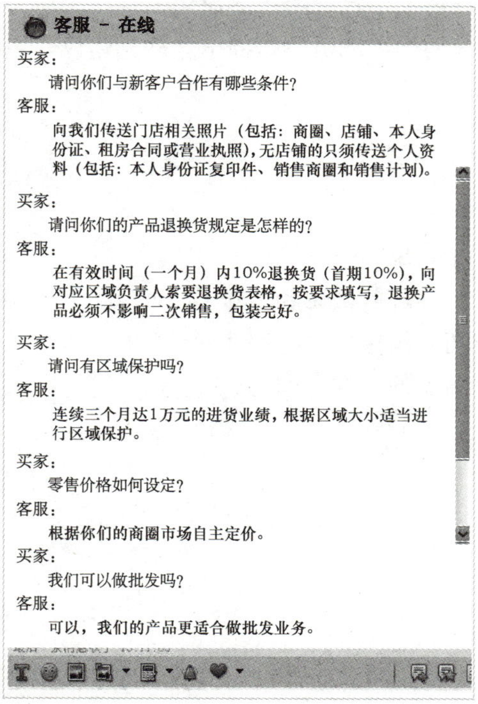

图 6-16 大宗批发过程中的商品问题咨询示例

项目总结

通过本项目的学习，美仪对网店售前服务的定义和工作内容有了基本的认识，特别是对商品/促销咨询、推荐销售及大宗批发的知识和技巧都有了很好的了解，具备了从事售前服务工作应具备的素养和技能。

知识拓展

如何成为一个优秀的售前客服

第一步：了解自己。

(1) 深刻了解自己的业务知识、能力与服务技巧。

(2) 定期检查自己的工作质量，改进不足。

(3) 学会把每件工作做到最好。

(4) 把自己的服务水平与市场同行做一个全方位的比较。

(5) 把获得客户的信任作为自己的追求目标。

第二步：了解客户。

(1) 要把握客户需求，为客户提供合理化的建议。

(2) 努力增进与现有客户的感情，培养潜在客户，定期和客户进行沟通交流。

第三步：了解市场。

（1）通过多种渠道掌握市场信息，做优势比较。

（2）分析店铺现有资源的优势和劣势，提出合理化建议，主动营销，吸引客户。

巩固练习

1. 什么是网店售前服务？
2. 网店售前服务的工作内容主要有哪些？
3. 网店售前客服需要掌握哪些知识和技能？
4. 网店推荐销售的技巧和销售方法有哪些？
5. 客服如何解答大宗商品的批发咨询？

项目七

售中服务

项目介绍

随着电子商务的不断发展，各类网店（B2B、B2C、C2C）如雨后春笋般破土而出，这就意味着网店之间的竞争愈演愈烈。在网店销售过程中，客服的工作直接影响店铺的订单、影响最终的销售额，其重要性不言而喻。客服的售中服务是售前服务的跟进，与客户的实际购买行动相伴随，是提高成交率的关键环节。本项目将以客服美仪的工作成长历程为例，介绍售中服务的概念与内容、催单技巧，以及如何修改和查询订单、发送通知。

学习目标

▶ 知识目标：

1. 了解售中服务的概念；
2. 熟悉售中服务业务及操作流程。

▶ 能力目标：

1. 正确认识售中服务的价值；
2. 掌握行之有效的催单技巧；
3. 掌握查询、修改订单技能；
4. 掌握发送通知技能。

任务一 了解售中服务

任务导入

美仪在实际工作中发现，只知道怎样做好售前服务工作还不够，因为客户下了订单后会出现这样或那样的问题，如果客服对业务不精通，处理起来不熟练，会大大影响成交量。因此，她觉得还要好好了解售中服务的各个环节，掌握其中的操作流程和各种技巧，以便提高自己的业务水平。

任务实施流程

登录百度→搜索售中服务→单击登录 MBA 智库百科网→查找关于售中服务的知识

知识链接

一、售中服务的定义

售中服务是指从客户拍下商品到确认收货之前，网店客服所提供的服务，涉及客户付款、支付流程、备注、快递、发货等方面的问题。

二、售中服务的目标

售中服务的目标是为客户提供性价比最高的解决方案。针对客户的售中服务，主要表现为销售过程管理。热情、礼貌、专业的售前服务会给客户留下良好的印象，而体贴、周到的售中服务能获得客户对店铺的信任。

三、售中服务的中心内容

接待服务是售中服务的中心内容，客户拍下商品后，可能会出现各种需求，需要客服为客户及时解决。例如，预售订单客户可能想对支付环节了解得更多，客户的一些个性化需求需要客服进行备注，客户对快递公司有特定要求，客户需要修改收货地址，客户申请到折扣优惠需要改价，客户对发货时间有特殊需求，等等。售中服务质量关系到客户满意度，更关系着店铺声誉，因此，网店应使售中服务规范化。

小思考

售中服务有哪些服务技巧？

任务实施

1. 学习了解售中客服工作

（1）登录淘工作（网址：https：//www.alizhaopin.com/job.htm），输入关键字“售中客服”，如图 7－1 所示，得到的搜索结果如图 7－2 所示。

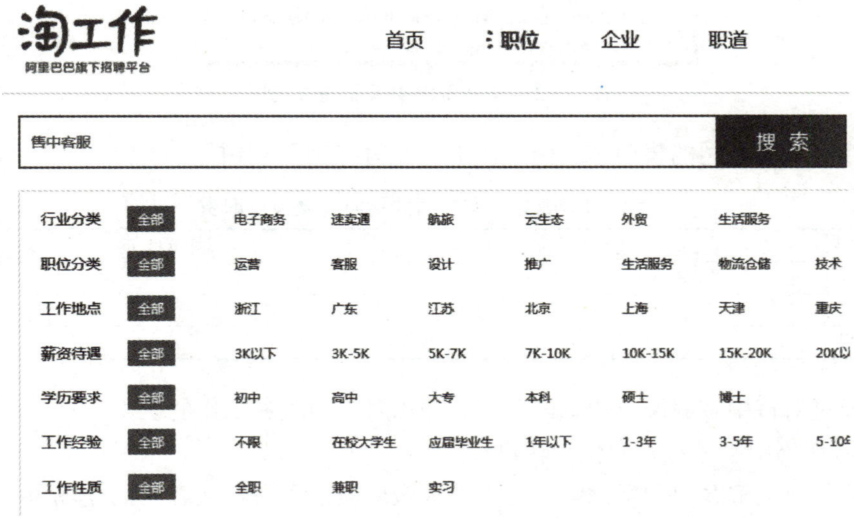

图 7－1　搜索“售中客服”

图 7－2　“售中客服”搜索结果页面

（2）点击带有“售中”关键字的搜索结果，了解售中客服职位描述，如图 7－3 所示。

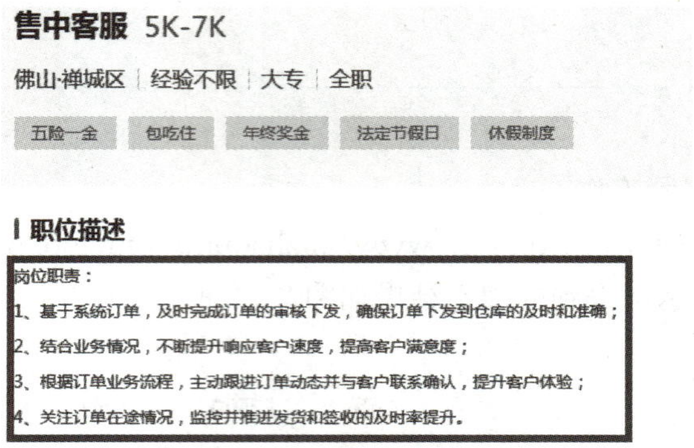

图 7-3　某公司售中客服职位描述

（3）收集 3 家公司的售中客服岗位职责，填写在表 7-1 中。

表 7-1　收集 3 家公司的售中客服岗位职责

序号	公司名称	岗位职责
1		
2		
3		

（4）通过对售中客服岗位职责的了解，加深对售中服务工作的认识。

2. 练习在售中服务过程中化解客户疑虑

客服要如何化解客户的疑虑呢？首先，客服应换位思考，从客户的立场考虑问题，从而分析其产生疑虑的原因；其次，客服针对客户的疑虑表明自己的观点；最后，客服说服客户接受自己的观点。

（1）对商品的疑虑：由于客户不能亲眼看到或直接感受到商品本身，故对商品有疑虑是很正常的。为化解客户的这类疑虑，客服可以采用实话实说、略施技巧、突出性价比的对策，如图 7-4 所示。

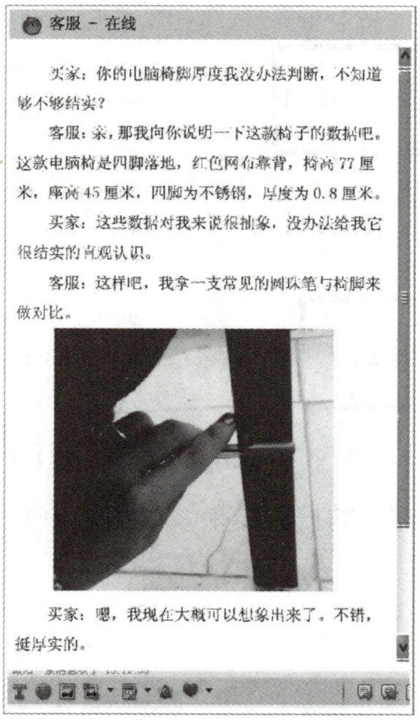

图 7-4　客服与客户关于商品疑虑的对话

（2）对支付的疑虑：当客户对钱财比较谨慎、怕上当受骗时，客服可以耐心讲解，推荐使用支付宝等第三方支付平台。如图7－5所示。

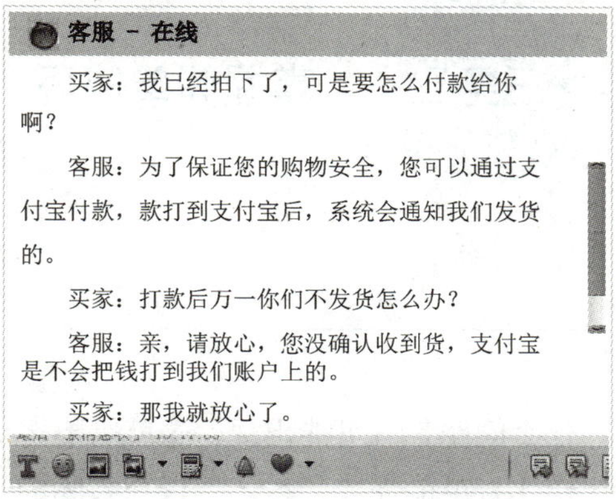

图7－5　客服与客户关于支付疑虑的对话

（3）对物流的疑虑：当客户因对物流、邮资不熟悉而心存疑虑时，客服应该耐心引导，推荐有利于双方的物流方式。如图7－6所示。

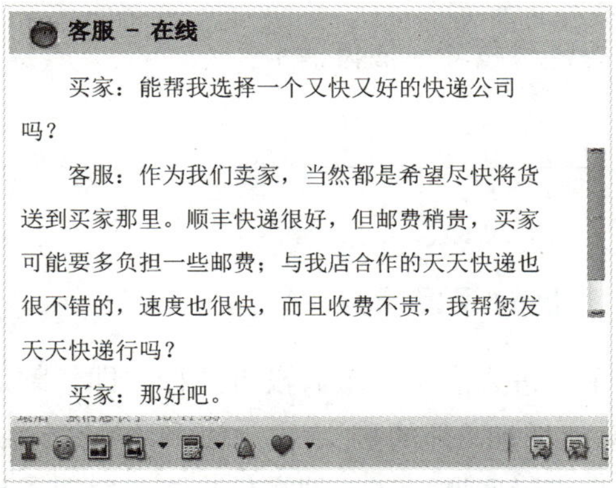

图7－6　客服与客户关于物流疑虑的对话

（4）对售后服务的疑虑：客户通常会担心收到货之后不满意或不合适，所以客服在销售过程中应如实描述，不要轻易承诺。如图7－7所示。

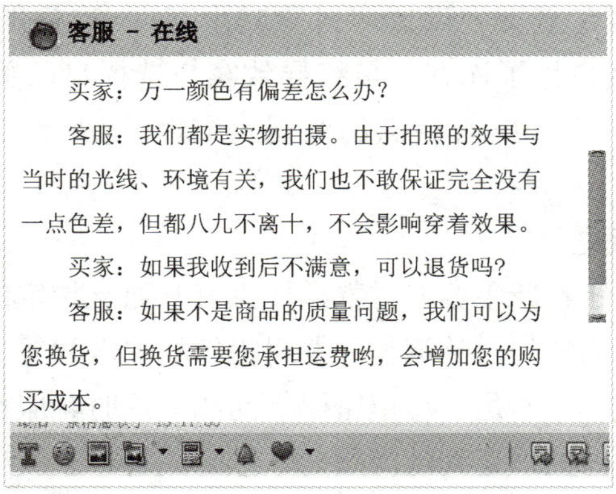

图7－7　客服与客户关于售后服务疑虑的对话

任务二 掌握催单技巧

任务导入

在实际的购物过程中，什么问题都有可能出现，这就需要客服人员通过耐心引导并运用专业技巧来解决，只有这样才有可能促成交易。美仪在实际的工作中也遇到了这样的问题：客户有了购买意向，下单却不付款。

任务实施流程

弄清未付款原因→掌握催付技巧→催付话术

知识链接

一、弄清下单却未付款的原因

淘宝网的分析数据显示，进入店铺下单后没有选择立即付款的客户占下单客户总数的8%，如果能及时催付，就能增加8%的购买率。之所以没有付款，45%的客户是因为服务，20%的客户是因为账户支付问题，15%的客户是因为发现了更低的价格，15%的客户是因为发现了更好的商品，5%的客户是其他原因。只有了解了客户拍完货未付款的原因，才能对症下药做好催付工作。

1. 卖家库存不足的订单流失

通常情况下，卖家会在宝贝中设置“付款减库存”。这样的话，如果客户没有及时付款很容易被先付款的客户抢了库存，最终导致客户选择自己关闭交易。因此，卖家在设置库存时一定要预留一些以应对特殊的情况，同时一定要在页面上作出及时付款的说明。

2. 初始操作的技术壁垒

（1）客户支付遇到问题：新手客户付款遇到没有开通支付宝的问题，客服需要有足够的耐心了解客户是否清楚购物的付款流程并及时提供相关教程等。客户在支付的时候可能会遇到没有绑定银行卡、余额不足、忘记密码等问题，这时客服可以让客户选择朋友代付的方式或者给客户一点时间处理遇到的问题。

（2）误认为自己支付成功：如果遇到这种情况，客服应提醒客户在“我的淘宝”中查看订单状态，如果没有支付成功，客服应当提醒客户付款。

（3）网速慢造成付款失败：客服可以建议客户关闭其他造成网速慢的程序、让客户稍后及时支付、提醒客户选择朋友代付等。

3. 临时倒戈的心理战

（1）客户拍下后还想购买其他商品一起支付：客服可向客户推荐店铺的搭配套餐，有“满××就包邮”优惠的一定要提醒客户凑满包邮条件。

（2）冲动拍下，未成熟考虑：客服可以告知客户商品的成交情况，建议客户尽早付款，否则会因为缺货无法购买，享受不到优惠。

（3）考虑后不想购买了：先按照上一条的办法引导客户尝试购买，告知客户不满意可以 7 天内无条件退货。如果客户还是不想购买，可以提出赠送小礼品或者引导其购买其他商品。

（4）误拍、错拍、进错店、选错宝贝的情况：仔细询问客户的需求，推荐合适的商品。

二、催付技巧

好的催付不但会使客户付款，还会使客户感受到店铺的贴心，从而提升客户体验、促进二次购买。

（1）老客户需要催付吗？

老客户对店铺认可度较高、付款意愿也高，采用短信催付即可。但是直接的催付短信可能会引起他们的反感，所以此时应以对方心理诉求为切入点进行关怀，这样既能达到催付的目的又能体现店铺的贴心。

（2）客单价在 500 元以上的新客户是不是应该重点催付？

该类客户第一次购买客单价就比较高，表明其对价格并不敏感，属于店铺优质客户，需要极力维护并促进消费，此时直接发一条短信进行催付显得太过平淡，所以应采用电话沟通的方式进行，话术以关心为主，最后可以推荐一下关联商品。如果电话催付不见效，还应再发短信提醒，全力挽留该类客户。

（3）客单价在 500 元以下的新客户怎么催付？

该类客户订单价并不高，同时是第一次来店铺购买，更容易接受简洁明了的催付短信。在发催付短信时应强调店铺，避免客户因为印象不深而误以为是垃圾短信。

（4）促销活动一般有时间限制，应及时催付，怎么做才合适？

促销活动期间的催付短信示例：“恭喜您已抢购到某商品，活动结束后将恢复原价，库存有限，请尽快付款以便我们及时为您安排发货，若已付款则无须理会。”

小思考

如何针对不同的情况进行催付？

任务实施

1. 自报家门

客服催付一般属于主动联络客户，因此话语不能太唐突，应先自报家门，既给客户一个提醒，也给客户留下一个良好的印象，如图 7-8 所示。

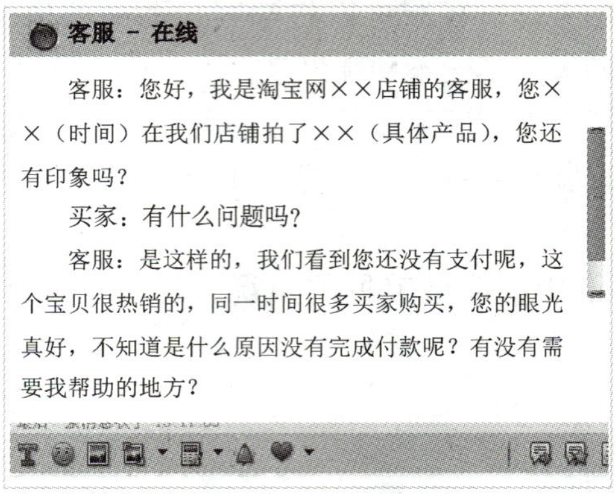

图 7-8　催付话术 1

2. 确认订单信息后促进支付

（1）当客户表示确认订单后，客服要积极地进行回应，可以通过表示尽快安排发货来促进支付，如图 7-9 所示。

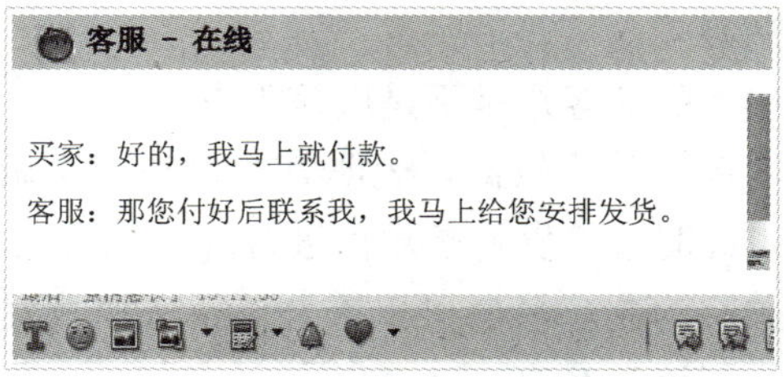

图 7-9　催付话术 2

（2）当客户表示想取消订单时，客服要尽可能地想办法留住客户，如图 7-10 所示。

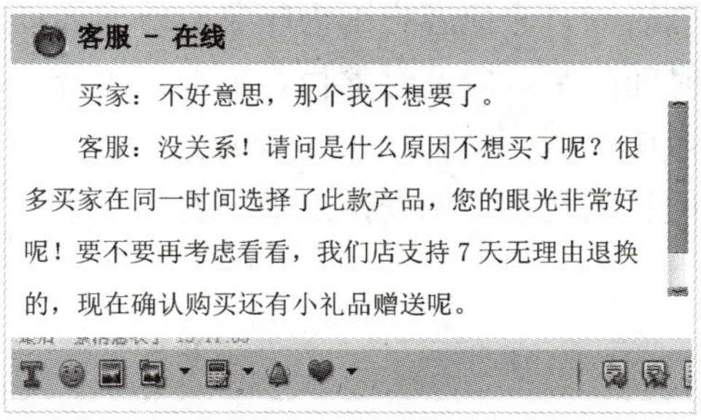

图 7-10　催付话术 3

3. 迂回策略

通过巧妙的方式提醒客户付款，不仅不会让客户反感，还能让他们爽快下单。

（1）强调发货，如图 7－11 所示。

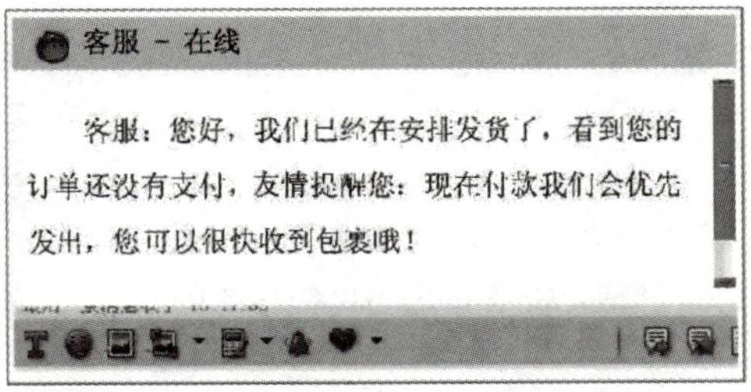

图 7－11 催付话术 4

（2）强调库存，如图 7－12 所示。

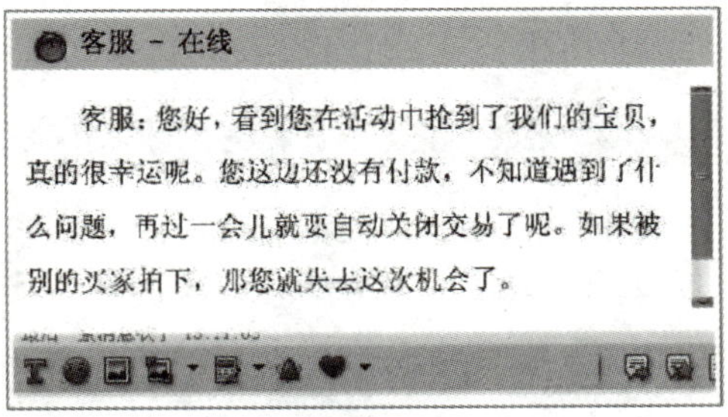

图 7－12 催付话术 5

（3）强调服务，如图 7－13 所示。

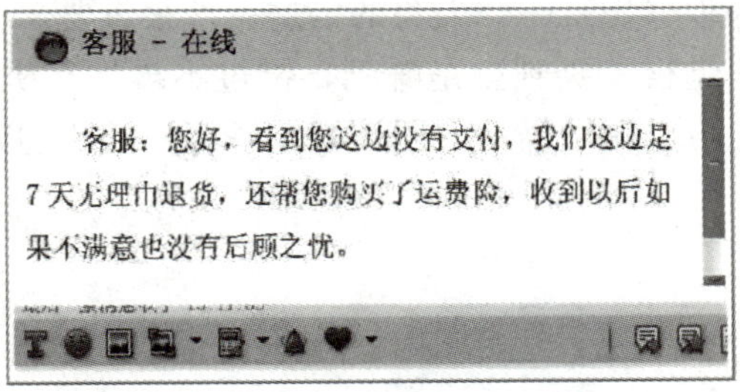

图 7－13 催付话术 6

4. 对症下药

针对客户的消费心理，强调价格和赠品，会让催付变得更有力度。

（1）价格原因，如图 7－14 所示。

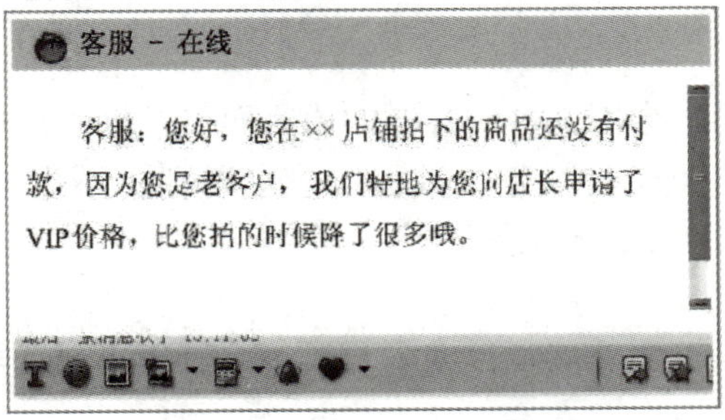

图 7－14 催付话术 7

（2）赠品原因，如图 7－15 所示。

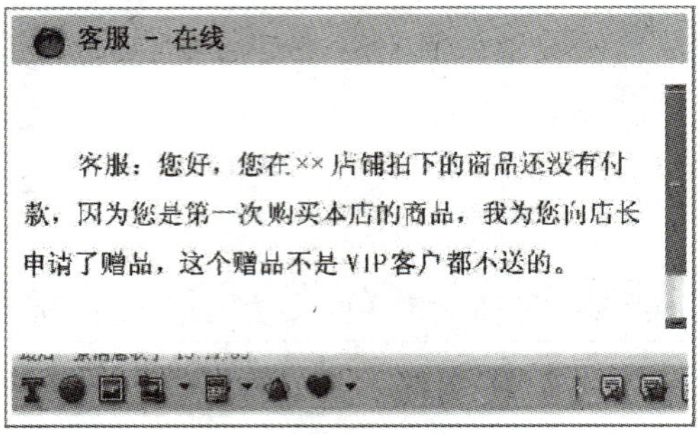

图 7－15　催付话术 8

（3）忘记付款，如图 7－16 所示。

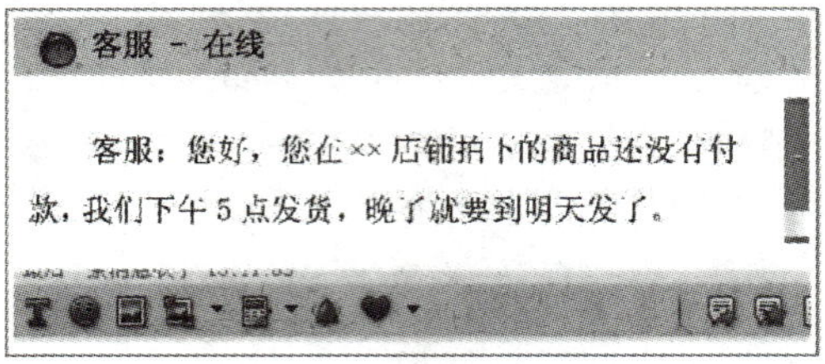

图 7－16　催付话术 9

需要注意的是，无论是通过旺旺还是短信发催付信息，内容都不要过于形式化，要让客户感觉到这个短信是为他（她）一个人写的，这一点很重要。

催付的目的是让客户觉得“买到就是赚到，错过不再拥有机会”。如果客户还是不愿意购买，千万不要纠缠，可以顺便做一次回访，了解客户的购物渠道等信息。

任务三　修改订单

任务导入

客户在提交了订单后，会因为各种各样的原因而要求修改订单，修改内容涉及价格优惠、邮资或收货地址等。美仪在服务的过程中，也遇到了不少这样的客户。作为客服人员，必须熟练掌握修改订单的工作流程。

任务实施流程

登录千牛工作台→交易管理→订单→修改价格和收货地址

知识链接

以淘宝网为例，淘宝网修改订单分为修改订单价格（修改商品价格或邮费）和修改订单收货地址两个部分。

一、修改订单价格

客服给客户修改订单价格有两个入口，第一个入口是在与当前客户聊天界面的右侧，如图 7－17 所示，单击“改价”进行修改。第二个入口是从千牛工作台进入卖家中心，在“交易管理”下“已卖出的宝贝”中找到需要改价的订单进行修改，如图 7－18 所示。

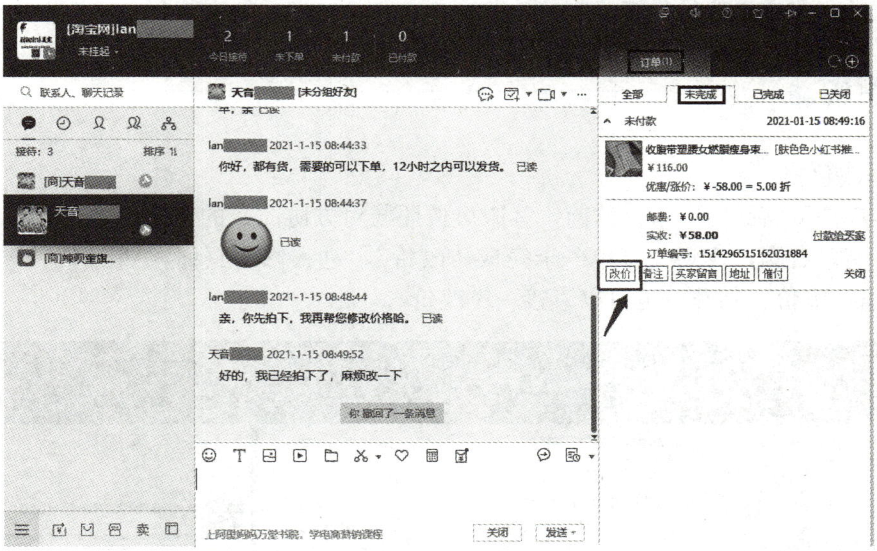

图 7－17　在千牛聊天界面修改订单价格

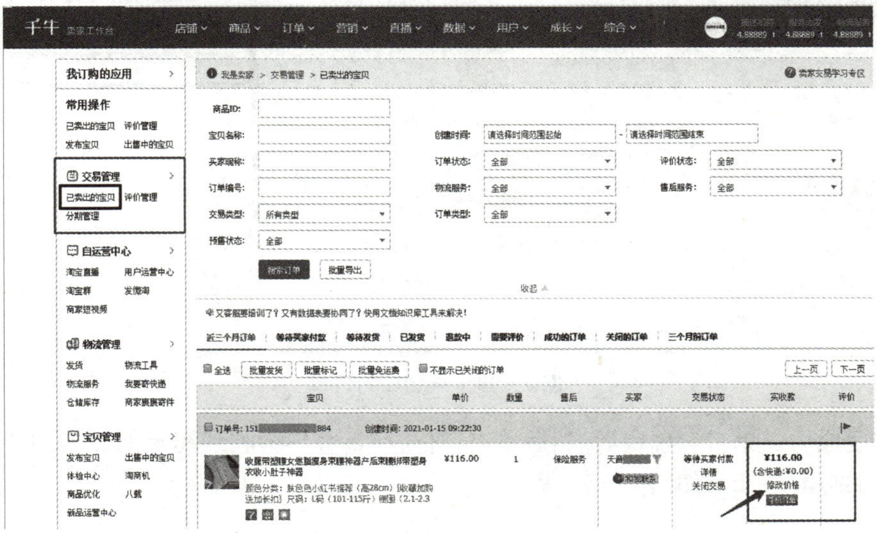

图 7－18　在千牛工作台修改订单价格

若客户已付款，则卖家无法修改交易价格，建议联系客户说明情况，在客户收到货以后申请部分退款即可。

二、修改订单收货地址

在交易状态为“客户已经付款”时，卖家可以在发货前修改收货地址。

卖家登录“卖家中心—发货—等待发货的订单”，在具体的订单后单击“发货—修改收货信息—填写新收货信息”后，单击“确认”即可。

小思考

如何修改新订单的价格和收货地址?

任务实施

1. 修改价格

在客户拍下商品后、未付款前，客服可按照与对方协商好的优惠修改价格。在与客户当前对话窗口右侧，找到“订单—未完成—改价”，进入修改页面，如图 7－19 所示。可以修改优惠/涨价、邮费，也可以直接一键改价。

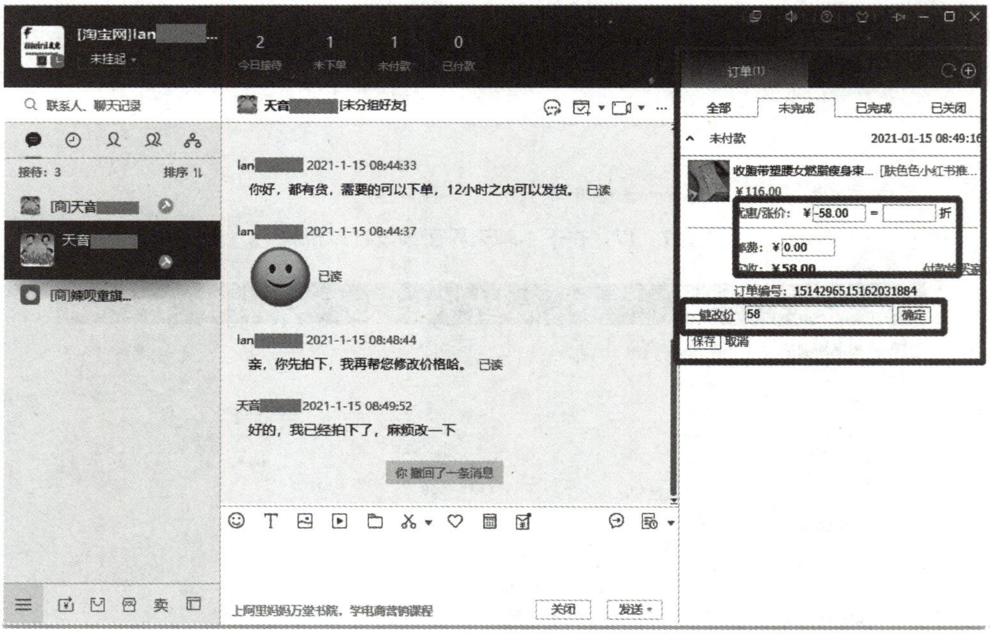

图 7－19 未完成的订单

修改完成后，单击“确定”，然后单击“保存”，客户会收到淘宝网发出的“卖家修改了价格”的提醒通知，如图 7－20 所示。

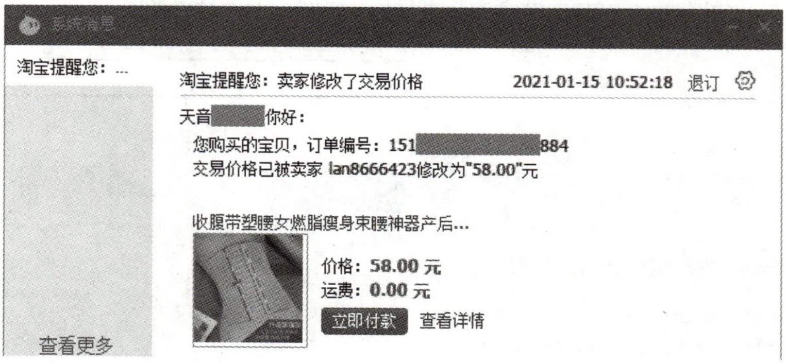

图 7－20 客户收到的信息提示

2. 修改收货地址

在淘宝网，对于“等待买家付款”的订单，只能由买家自主修改地址；“等待发货”的订单只能由卖家修改地址。

买家拍下商品未付款，可以到“我的淘宝—待付款”找到需要修改地址的订单，点击“修改地址”，修改后单击“提交修改”即可，如图 7－21 所示。

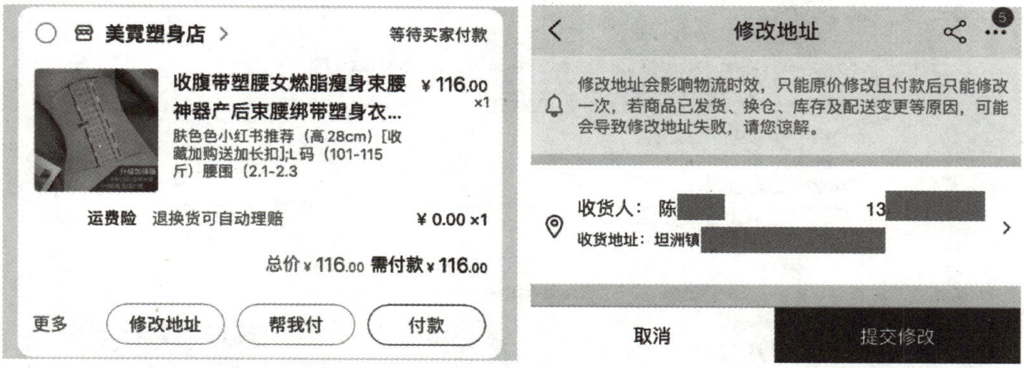

图 7－21 买家自主修改地址操作

买家付款后需要修改地址的，客服可在千牛工作台进入“交易管理—已卖出宝贝—等待发货”找到需要修改地址的订单，单击“详情”，如图 7－22 所示。

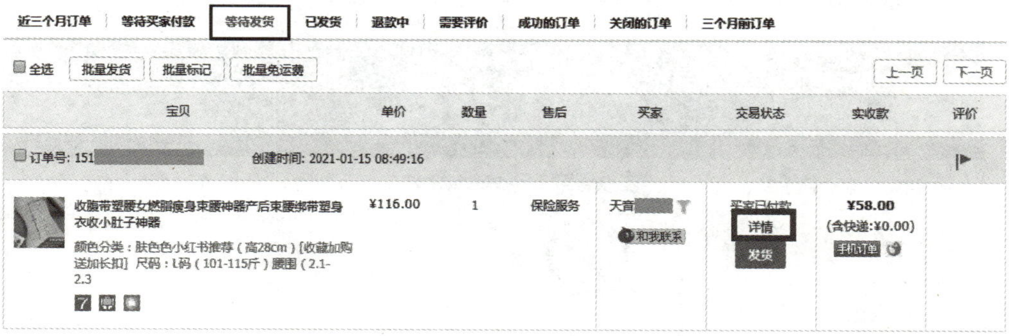

图 7－22 客服修改地址——详情

进入详情页面后，单击“修改收货地址”，如图 7－23 所示；在修改收货地址对话框，输入客户要求修改的地址，单击“确定”即可，如图 7－24 所示。

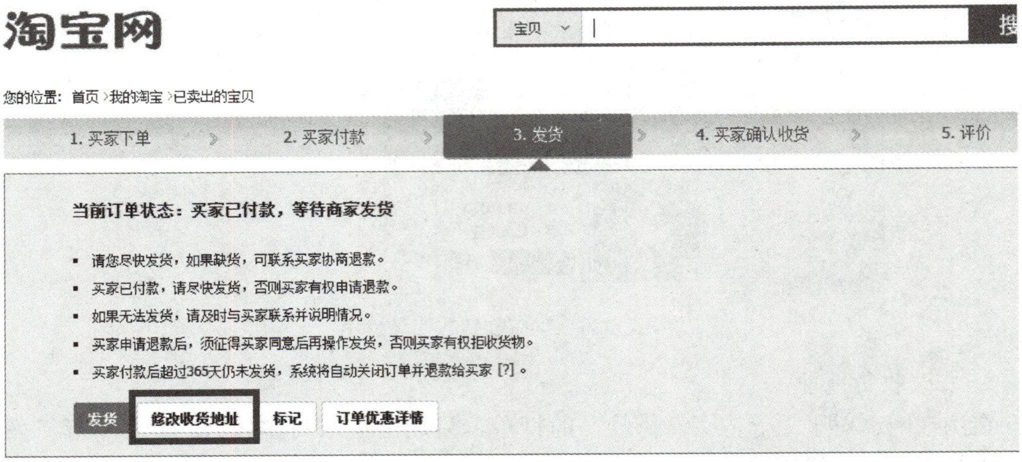

图 7－23　客服修改地址——修改收货地址

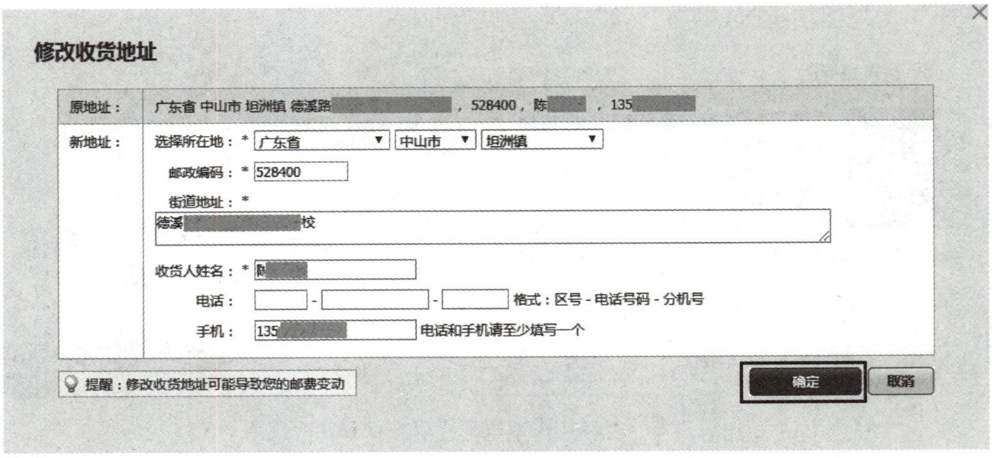

图 7－24　修改收货地址对话框

收货地址修改完成后，再次与客户确认修改信息，如图 7－25 所示。

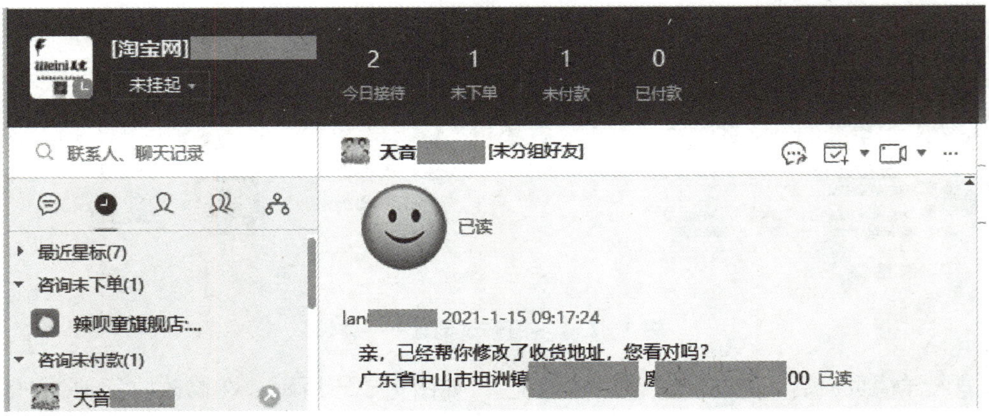

图 7－25　与客户确认修改后的收货地址

任务四　查询订单

任务导入

美仪使用千牛电脑版，却一直没收到新付款的买家订单提醒，她觉得很奇怪。后来通过仔细查找原因，她发现是因为在管理平台上默认勾选的提醒交易消息类型太多而忽略了买家新订单提醒。

任务实施流程

登录千牛工作台→订阅设置→交易管理→筛选条件→查询结果

知识链接

查询订单是每个客服在工作中经常涉及的技能，快速有效的查询方法可以在很大程度上提高客服的工作效率。以淘宝网为例，淘宝网在卖家中心专门提供了订单查询功能，卖家可以登录“我的淘宝—卖家中心—交易管理—已卖出的宝贝”查看订单记录。

（1）“近三个月订单”：查看近三个月的相关订单记录，如图 7 - 26 所示。

图 7 - 26　近三个月的订单记录查询结果

（2）“三个月前订单”：查看成交时间在 90 天前的订单，如图 7－27 所示。作为卖家，应该非常清楚在淘宝网的所有订单记录均是无法删除或隐藏的。

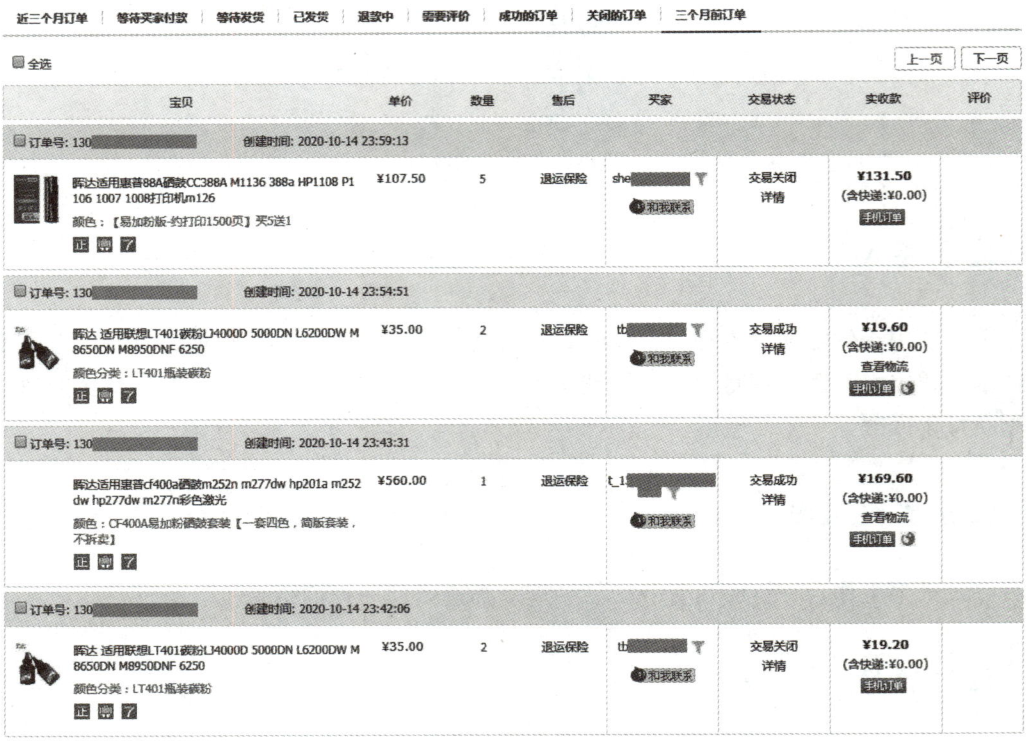

图 7－27　三个月前的订单记录查询结果

（3）卖家也可以根据交易、退款、关闭和评价状态查询相关订单信息，如图 7－28 所示。

图 7－28　关闭的订单的记录查询结果

（4）卖家还可以通过输入具体的搜索条件来查找相关的订单信息，如图 7－29 所示。

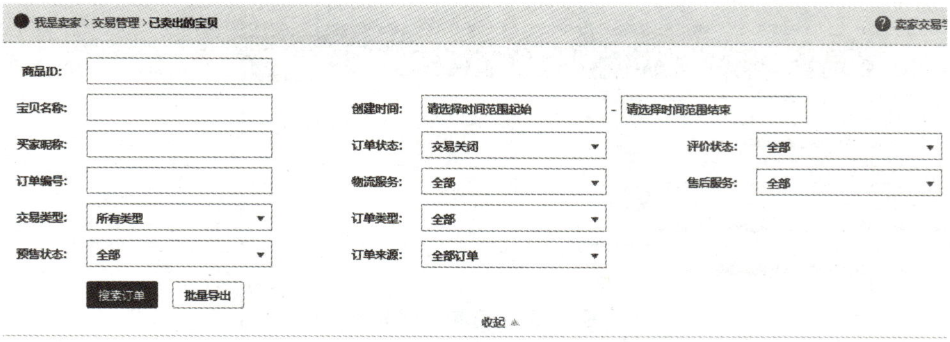

图 7－29　输入条件查询订单

搜索条件选项有商品 ID、宝贝名称、买家昵称、订单编号、交易类型、预售状态、创建时间、订单状态、物流服务、订单类型、订单来源、评价状态、售后服务等，其中交易类型、预售状态、订单状态、物流服务、订单类型、订单来源、评价状态、售后服务是下拉选项。

交易类型有 2 种：一口价、拍卖。

订单状态有 10 种：等待买家付款、买家已付款、卖家已发货、交易成功、交易关闭、待付款和待发货订单、未完成的订单、退款中的订单、定金已付、异常订单。

物流服务有 2 种：货到付款、卖家物流。

订单类型有 10 种：机票订单、数字订单、理财订单、网游订单、酒店订单、保险订单、企采订单、送礼订单、租赁订单、海外订单。

评价状态有 4 种：需我评价、我已评价、对方已评、双方已评。

售后服务有 3 种：买家投诉、我已投诉、退款中。

小思考

如何完成订阅设置并按条件查询订单？

任务实施

1. 订阅设置

步骤 1：登录千牛工作台，单击屏幕右上方的小信封图标，如图 7－30 所示。

图 7－30　订阅消息数量提示

步骤 2：在消息列表界面单击“消息订阅”，如图 7－31 所示。

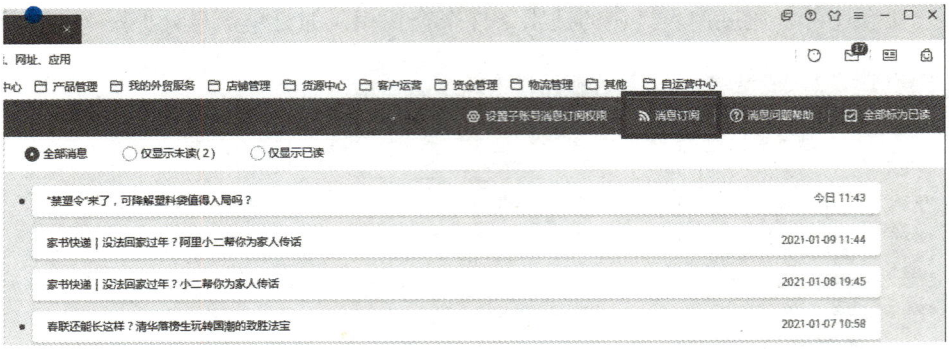

图 7－31　查看订阅消息

步骤 3：弹出“订阅设置”对话框，如图 7－32 所示。

图 7－32　“订阅设置”对话框

步骤 4：选择“交易消息”选项，单击展开，如图 7－33 所示。有如下消息类型可以设置订阅：已延长收货时间、子订单已关闭或修改、新订单、卖家已发货、子订单打款成功、订单关闭、子订单退款成功、买家确认收货、交易成功、买家已评价、订单价格已修改、买家已付款、全选，系统默认是勾选新订单和买家已付款。全部勾选，就能收到所有关于交易消息的信息。设置好订阅消息后，单击“确定”按钮。

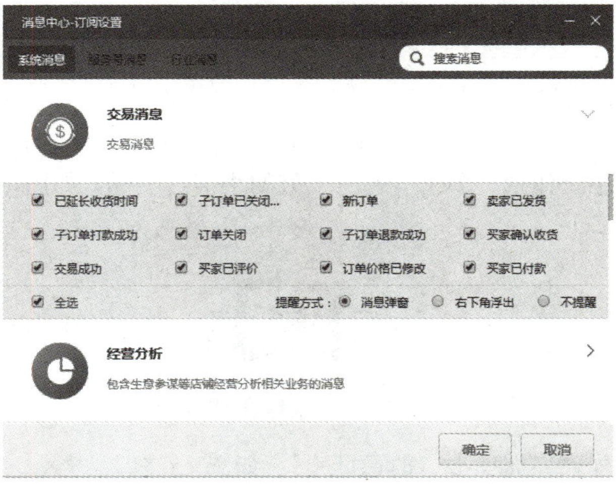

图 7－33　展开“交易消息”选项

步骤 5：完成设置后，单击“交易消息”，即可查看订阅的消息，如图 7－34 所示。

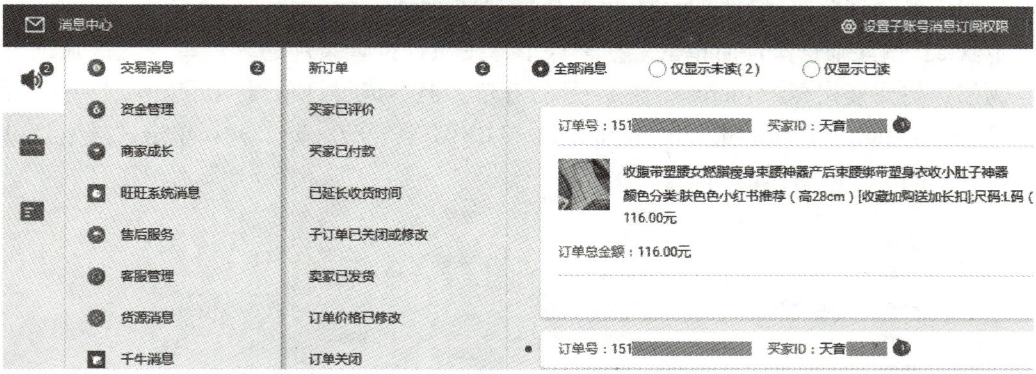

图 7－34　查看“交易消息”

需要注意的是，“消息中心”包含系统消息、服务号消息和行业消息，系统消息下又有多达 24 类应用消息，建议勾选必要信息，这样当千牛工作台里的信封小图标后面出现数字时，就能及时看到自己关注的信息了。

2. 订单的分类查询

当订单数量很多或需要查阅以往的交易记录时，这可能是一项艰巨而考验眼力的任务，但在千牛工作台的“交易管理”中我们可以很轻松地找到要找的订单。

步骤 1：登录千牛工作台，单击“交易管理”，出现交易管理订单查询页面，如图 7－35 所示。

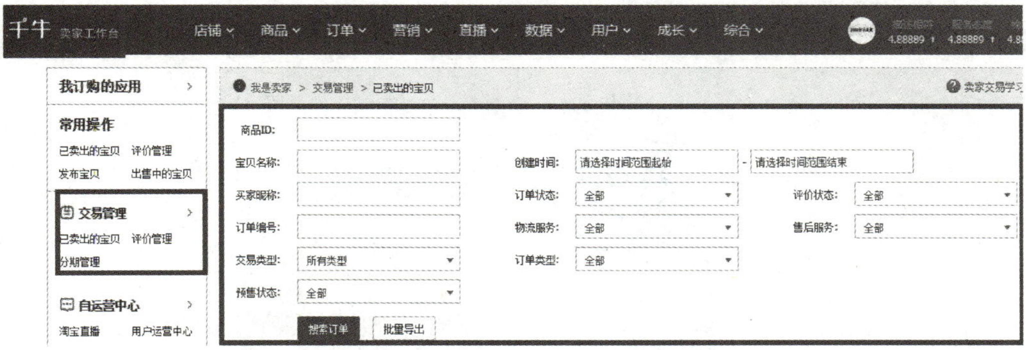

图 7－35　交易管理订单查询页面

订单查询方法：

（1）根据“订单编号”查询。这是最直接、最快捷的方法，缺点就是订单编号难以记忆。

（2）根据“买家昵称”查询。此方法也很快捷，但若此客户与店铺有过多次交易，搜索出来的结果就没有那么精准了。

（3）根据“订单状态”查询。此方法也可以帮你筛选掉一些记录，但是查找的结果不够精准。

（4）根据“创建时间”查询。此方法对于日交易量不大的店铺可行，但对于日交易量很大的店铺显然不合适。

（5）综合“买家昵称”“订单状态”“创建时间”等条件进行筛选。这样有助于更高效地找到相应的“订单”，但都不如查询“订单编号”便捷。

步骤 2：输入筛选条件后单击“搜索订单”按钮，符合条件的“订单”就被筛选出来了。例如：想要查找客户 meng... 在 11 月的订单，但不记得订单号，可以在“买家昵称”框中输入“meng...”，然后选择时间为 2020－11－01 至 2020－11－30，单击“搜索订单”，就会得到如图 7－36 所示的结果。

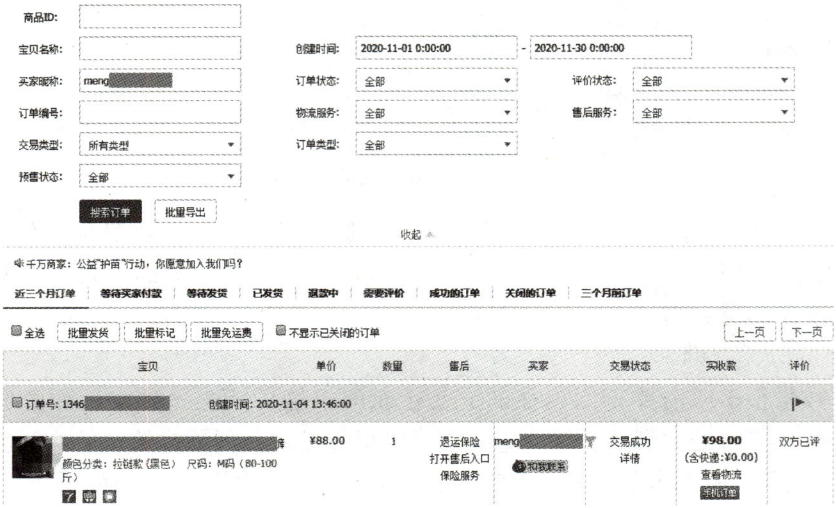

图 7－36 查询结果显示

任务五 发送通知

任务导入

客服要尽可能地为客户提供周到而细致的服务，这样才能提高客户的满意度，进而提升店铺的服务质量。细心的美仪正考虑找一款发送通知的软件，以便更好地服务客户。经过比较，她订制了一款叫“集客”的短信营销软件。

任务实施流程

登录“集客”短信营销软件→设置发送物流提醒→编辑短信

知识链接

卖家在给客户打包、发货的同时发送一条手机短信，告诉客户快递包裹已经发出并附上快递单号，请他注意查收，这是提升店铺服务质量的一个重要手段。

卖家在发货的第一时间将信息发送给客户，会让焦急等待的客户感到放心，这样周到的服务会大大提高客户的满意度，从而可以大大提高客户对卖家的印象分。印象分一上去，客户成为回头客的概率就会上升，对于提升店铺的业绩很有帮助。

小思考

如何设置物流提醒通知？

任务实施

（1）登录集客 CRM 软件，进入“订单关怀—物流提醒”界面，如图 7 - 37 所示。

图 7 - 37 设置物流提醒界面

集客 CRM 提供“发货提醒”“到达同城提醒”“派件提醒”“签收提醒”“疑难件提醒”“延时发货提醒”六个方面的短信提醒功能，可根据自身需求，使用其中一项或多项自动提醒功能。

1）发货提醒：卖家发货后，系统将自动发送短信通知客户已发货。

2）到达同城提醒：当宝贝到达客户所在城市后，系统将自动发送短信通知客户注意查收。

3）签收提醒：当客户签收宝贝一定时间后，系统将自动发送短信通知客户尽快确认收货。

4）疑难件提醒：因派送信息不清晰或其他因素而导致无法派送，被标记为疑难件时提醒。

5）延时发货提醒：当客户付款后一定时间内卖家还未发货，系统将自动发送短信通知客户耐心等待。

（2）单击“新建任务”设置发货提醒，如图 7－38 所示。

图 7－38　新建任务

集客 CRM 的发货提醒一共需要通过三个步骤进行设置：第一步进行时间设置，如图 7－39 所示；第二步对要发送的目标进行筛选，如图 7－40 所示；第三步是对发送的提醒内容进行设置，如图 7－41 所示。

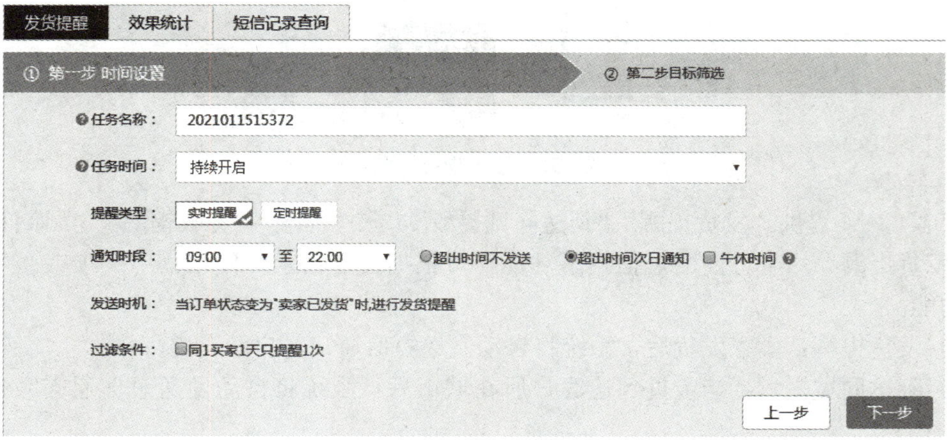

图 7－39　时间设置

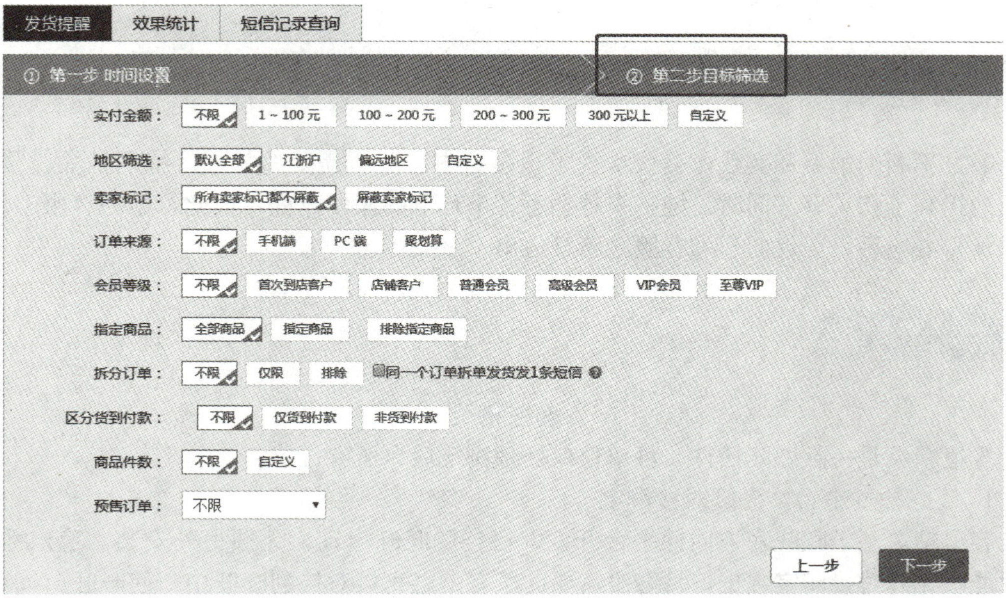

图 7－40　目标筛选

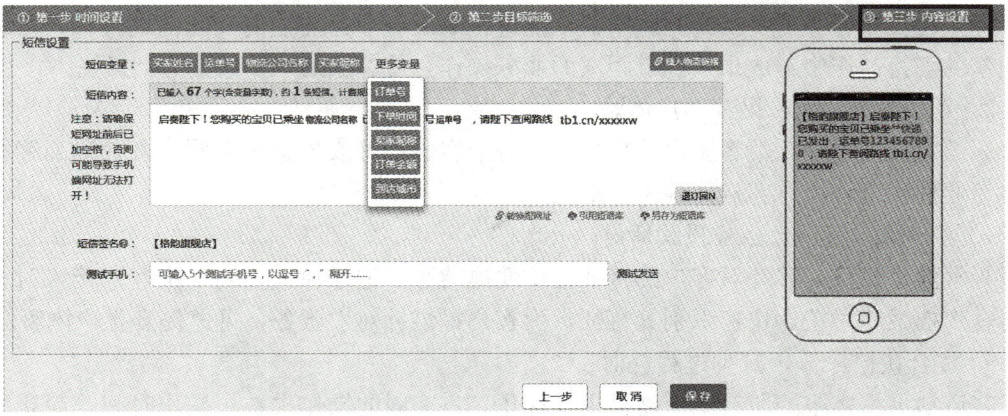

图 7－41　内容设置

温馨提示：

1）物流提醒将根据卖家所进行的发货操作或物流的流转信息，自动发送相应的短信通知客户。

2）若客户在同一天中拍下多笔订单，只要物流单号是同一个，那么就只会发送一条相关提醒，不会重复提醒。

3）为了不影响客户休息，物流短信的发送时间为每天 9:00—21:00，21:00 后未发的短信将在次日 9:00 后发送。

4）短信模板中若有“买家姓名”“物流公司名称”“运单号”等标签，系统将在发送短信时自动替换成实际内容。例如“物流公司名称”在实际发送短信时将自动替换成“圆通速递”等。

需要注意的是，短信营销固然是一种好方法，但不要滥用，一条发货通知短信就足够了，不然结果会适得其反。

项目总结

通过不断的学习和实践，美仪掌握了很多售中服务所需要的技巧，特别是催付技巧，极大地提高了购买率。同时，她越来越熟悉各个环节的操作流程，因此，她的客服工作做得更加得心应手。美仪向金牌客服之路又迈出了一大步。

知识拓展

客道精灵

客道精灵是一款旺旺插件，可单窗口处理淘宝后台所有订单。

1. 旺旺插件平台，无缝对接淘宝

客道精灵基于旺旺官方插件平台开发，可伴随旺旺启动，无须另外安装，稳定性强。同时能够无缝对接淘宝数据，将客服需要的所有信息直接对接到旺旺中，使旺旺由询单平台转变为工作平台。

2. 客服业务前移，零距离操作

客道精灵将客服需要切换到浏览器才能进行的所有业务功能向旺旺前端转移，将客服从频繁的切换动作中解放出来。零距离的业务操作，使客服的工作效率达到最高。

3. 宝贝知识管理，提升客户体验

店铺宝贝知识库，帮客服识记宝贝，让每个客服都可成为金牌客服，有效提高客服人员的专业性程度，提升客户体验。

4. 客户档案管理，服务投其所好

买家情报模块能够针对客户的特征提供便捷的客户记录模式，当下次客户接入时，直接与客户档案库对接，快速识别其特征，为客户提供针对性服务，迅速提升客户体验。

5. 整合快捷操作，减少过程耗时

客道精灵将客服的所有工作路径进行优化，将客服的操作次数、操作时间等简化为最小，让客服不再手麻、眼花，减少客服的响应时间。

巩固练习

1. 什么是售中服务？
2. 售中服务的目标是什么？其主要内容有哪些？
3. 客户未付款的原因有哪些？
4. 催付技巧有哪些？
5. 修改订单分为哪几部分？应该如何操作？
6. 订单查询的方法有哪些？

项目八

售后服务

项目介绍

售后服务在整个销售流程中是至关重要的，通常由专职的售后客服来承担。本项目将以电子商务专业学生美仪的任职历程为例，介绍如何做好售后服务工作。

学习目标

▶ 知识目标：

1. 了解售后服务；
2. 掌握处理差评的基本方法；
3. 了解客户回访的意义及常用方法。

▶ 能力目标：

1. 能正确认识售后服务的价值；
2. 能合理地处理纠纷并做好客户回访。

任务一 了解售后服务

任务导入

今天，售后客服请假了，主管要求美仪承担售后客服的工作。美仪有些犯难了，不知如何下手。

任务实施流程

主动回访→收集反馈→引导评价→评价解释

知识链接

一、售后服务的概念

简言之，售后服务就是在买家收到货物之后，卖家所提供的各种服务活动。从销售工作来看，售后服务本身也是一种促销手段。在追踪跟进阶段，售后客服人员要采取各种形式配合销售，通过售后服务来提高店铺的信誉、扩大商品的市场占有率、提高销售工作的效率及效益。

二、售后服务的重要性及主要工作内容

售后服务在整个销售过程中非常重要。好的售后服务能够带给客户非常好的体验，从而让客户成为忠实用户，减少开发新客户的成本。

售后服务的日常工作基本分为三种情况：第一种情况是正常交易后主动回访，收集买家的反馈意见，引导买家好评以及进行评价解释等；第二种情况是对交易纠纷的处理，如产品纠纷、物流纠纷、服务态度纠纷等；第三种情况是老客户的信息维护。

小思考

有效订单的售后处理步骤是什么？工作时需要注意哪些问题？

任务实施

有效订单的售后处理步骤包括主动回访、收集反馈、引导评价、评价解释。

1. 主动回访

物流系统显示买家签收货物后，售后客服可以主动回访，一方面可以确认货物是否已经拆箱使用，另一方面可以体现店铺的客户关怀，提升客户的购物体验，加深客户对店铺的印象。示例如图 8-1 所示。

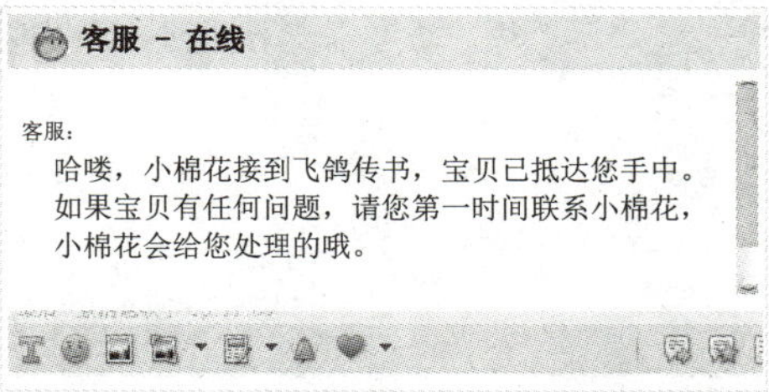

图 8-1 主动回访

2. 收集反馈

主动询问、收集客户的反馈意见，一是可以体现店铺的担当，二是客户的真实反馈有助于改进店铺产品和服务。示例如图 8-2 所示。

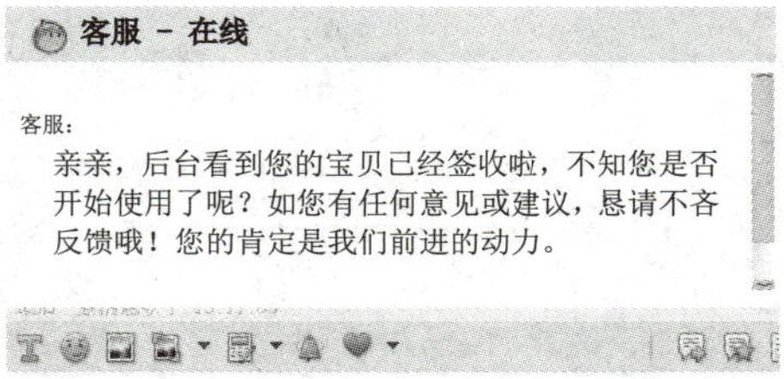

图 8-2 收集反馈意见

客服对收集到的原始反馈意见进行分类整理，提炼内容关键词，提交店铺运营管理人员，形成产品或者服务的参考依据。示例如表 8-1 所示。

表 8-1 整理用户反馈

问题类型	问题描述	用户原始反馈
Bug 类	发热	以前打开这个软件没有问题，更新软件后手机发热严重，必须双击 home 键退出才可以
Bug 类	发热	开启不到 1 分钟，手机就开始变热

3. 引导评价

方法一：在客户等待收货的期间，以短信的形式告知客户发货信息和物流信息，如图 8-3 所示；或者在包裹内放置感谢信表达问候和谢意，如图 8-4 所示。也可以打电话回访，提醒客户给予好评。

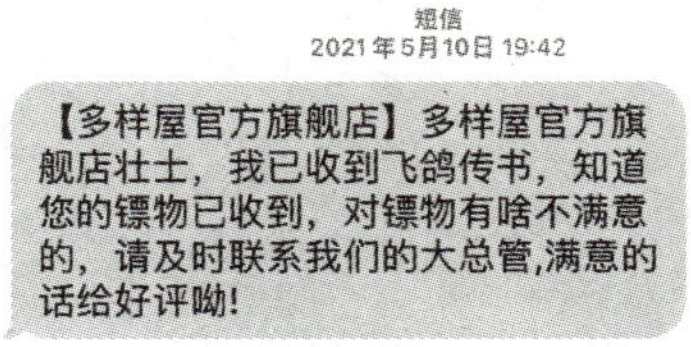

图 8-3 引导客户评价

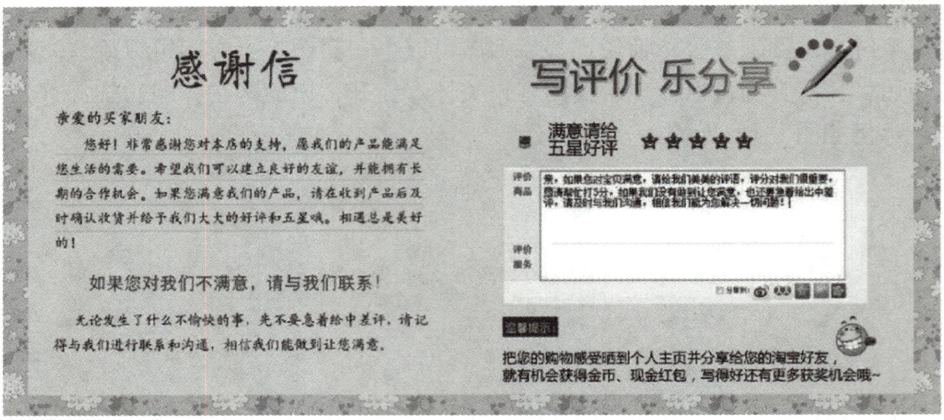

图 8-4　感谢信

方法二：店铺开展“写好评，得大奖”之类的活动，除了在相关页面有显示（如图 8-5 所示）外，在客户付款之后，也可以通过旺旺、短信、电话等提醒客户，短信提醒如图 8-6 所示。

图 8-5　店铺首页“写好评赢大奖”海报

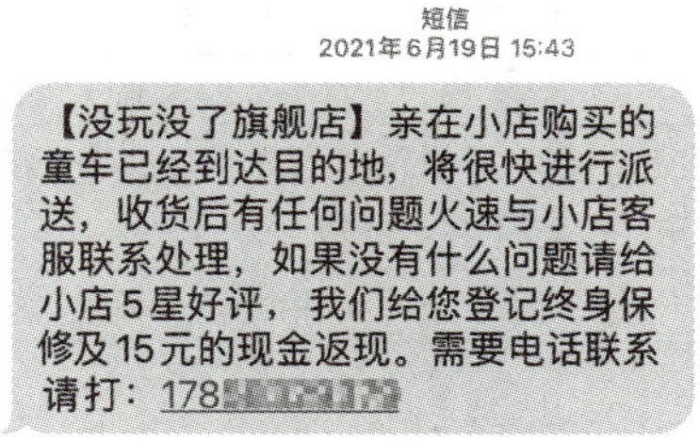

图 8-6　短信提醒客户评价

4. 评价解释

评价解释是给后来的新客户看的，写一些有质量的评价解释更容易使后面的客户留下深刻的印象，如图 8-7 所示。

初次评价：
2020.09.07

鞋子很好 穿起来很软和 说真的 比别家两百多一双的还要好 从小就喜欢回力的鞋子 下次会叫朋友过来买！

解释：谢谢亲的认可，您的好评就如同蜜糖一样使我们感到甜美，仿佛在告诉我们所做一切努力都是值得的！您的支持和认同就是我们不断前进的动力，我们会继续加油，尽力把店铺做得更好，努力让每个顾客在本店都能有宾至如归的感受。同时也感谢您对咱国货的大力支持与认同，祝愿您每天前进的路上都拥有阳光般灿烂的笑容！！！

颜色分类：土黄
尺码：42

图 8-7 评价解释

任务二 处理纠纷

任务导入

今天一大早，美仪就遇到了一件头痛的事：前两天客户在店里购买的商品，由于仓库人员的粗心大意，把商品的颜色搞错了。客户收到货后很不满意，要求无条件退款。美仪没有经验，面对充满怨气的客户不知如何下手。她不想客户评价不满意，更不想因此失去一个客户。美仪应该怎么处理呢？

任务实施流程

联系客户→确认订单→诚恳道歉→解决问题→跟踪落实

知识链接

客户收到商品后，可能会由于种种原因导致不满意而与卖家产生纠纷。有经验的售后客服会运用专业知识，利用旺旺或电话直接解决问题。有些客户会直接在动态评分系统给差评。店铺评分对店铺运营有直接的影响，因此，售后客服应真诚地为客户解决问题，让客户满意并修改差评。如果客户坚持不改，就要写好评价解释，以免影响日后的交易。对于恶意差评或者一些无理要求，售后客服可以利用淘宝网和支付宝的规定来拒绝以保护店铺权益。

一、产生纠纷的主要原因

1. 商品质量的纠纷

商品质量的纠纷是指客户对商品的品质、真伪、使用方法、容量、尺码、体积等相关因素产生疑虑而导致的纠纷。出现纠纷后，客服应诚恳地向客户了解情况，积极提出解决方案，尽快解决问题。诚恳的态度、热情的服务永远是解决问题的法宝。

2. 物流的纠纷

物流的纠纷是指客户对选择的物流方式、物流费用、物流公司和快递人员的服务态度等方面产生疑虑而导致的纠纷。比较常见的就是发货、送货的时效性问题，以及快递人员的服务态度和物流费用问题。

3. 服务态度的纠纷

服务态度的纠纷是指客户对店铺各项服务产生疑虑而导致的纠纷。无论是售前还是售后，客户因服务态度不满意，很大程度上是因为客服的工作做得不够好。无论是哪种原因，作为客服都要礼貌道歉，让客户心里舒服是首要的。只要客户接受道歉了，一切就都好解决。

二、客服售后纠纷处理原则

1. 快速响应

售后客服应在客户呼入 30 秒内及时回复。

2. 耐心倾听

当客户感到不满意时，心里肯定有怨气，客服要耐心倾听。

3. 做出解释

多站在客户的立场考虑问题，必要时向客户解释并适当进行安抚。

4. 诚恳道歉

不管是因卖家自身还是快递公司的失误，客服都应诚恳地向客户道歉。

5. 提出补偿

如果是快递公司或卖家的失误，客服应有两个以上的补救方法供客户选择。客服主动提出解决方案，效果会比较好。

6. 做出补救

客服除了给出补救方法以外，还要及时落实，让客户感受到诚意。

7. 跟踪进度

补救措施实施后要及时跟踪进度、及时求得反馈，让客户满意。

三、中差评的处理

1. 真诚表达歉意

出现中差评，电话沟通是最有效的方式。一般情况下，客户这个时候会有怨言或怒气。不管是什么原因，都要适时向客户道歉，再寻求切实可行的解决方案。例如，可以说：“我非常理解您的感受，如果我碰到这样的情况，我也会很生气。很抱歉这次购物给您带来了不便，请您谅解。”

2. 与客户一起找出差评的原因

当客服站在客户的角度上考虑问题，事情就变得简单了。为了了解具体情况，可以说：“麻烦您拍张图片给我好吗？真对不起，给您添麻烦了。我们一定会尽全力为您解决问题的。”

3. 补偿方法

如果在解决问题时给客户带来了不便，客服可以给其一些额外的补偿，比如返现、赠送礼品、折扣优惠等。例如，可以说：“无论怎样，是我们的工作没有做到位，我真诚地向您道歉！真的对不起，给您带来了不便。那么请您考虑一下，我们能为您做些什么呢？（您看我们能适当给您些补偿吗？）”

4. 结束语

以温馨的道别结束这次通话，并顺便提出修改评价的请求。例如，可以说：“这个结果您还满意吗？感谢您的耐心，让我们能够为您解决这个问题。感谢您的理解和支持，希望有机会继续为您服务。可以麻烦您帮我们修改一下评价吗，您的支持真的对我们很重要。”

5. 客户拒绝修改怎么办

如果客户不肯修改，客服要善于解释，中差评的解释是给以后进店的新客户看的。如果新客户看到的解释是很温和、很有礼貌并且客服是很努力地配合客户解决问题的，店铺肯定也会得到新客户的支持。中差评解释的建议写法如下：

（1）表达歉意。

（2）说明所有评价都是真实评价。

（3）说明店铺支持 7 天无理由退换货。

（4）虚心接受客户评价。

（5）展示店铺亮点，说明注重客户口碑、信誉高、客户好评率高等。

（6）再次表达歉意，展示店铺实力，说明店铺不是一个人在做而是有一个专业的团队。

（7）篇幅不要过长。

小思考

如何处理纠纷和中差评？

任务实施

（1）对于一般的纠纷，常见的处理方法是：快速响应—了解情况—及时道歉—寻求处理方法—跟踪落实。

示例一：对商品不满意产生的纠纷，如图 8-8 所示。

纠纷原因：客户拍了一件黄色的连衣裙，仓库人员粗心大意，给客户发了一件紫色的。收货后，客户非常不满意。

在这次纠纷中，客服对于客户的抱怨并没有以牙还牙，而是诚恳地向客户了解情况，明确是卖家发错后提出了解决方案，最终解决了纠纷。

示例二：对物流不满意产生的纠纷，如图 8-9 所示。

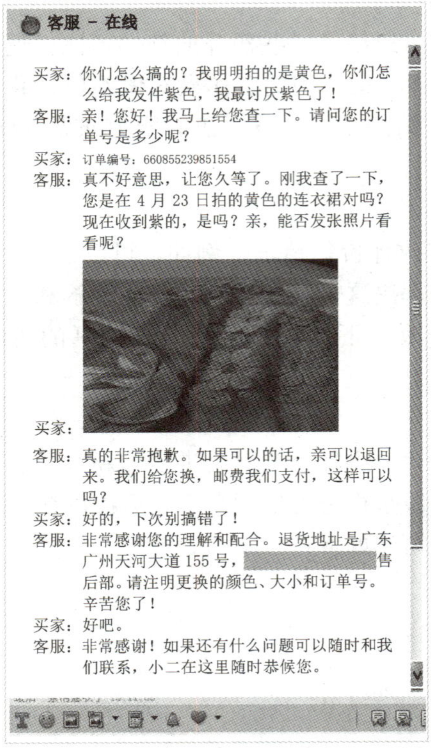

图 8-8　纠纷处理 1

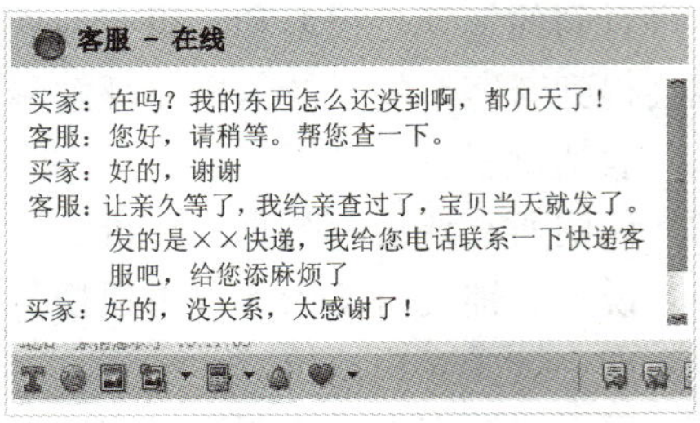

图 8-9　纠纷处理 2

纠纷原因：客户拍了件商品，但已经好几天了还是没收到，客户等得不耐烦了。

如果客服在接待客户时已经了解到一些快递是因为不可抗拒的因素耽误了，就比较好做工作，如冬季的雪灾等。这时客服可以采取相应措施，一方面注意提醒相关地区的客户考虑更换发货方式，另一方面对已经发货的包裹主动跟踪，不要让客户因快递的延误而投诉。

示例三：服务态度的纠纷，如图 8-10 所示。

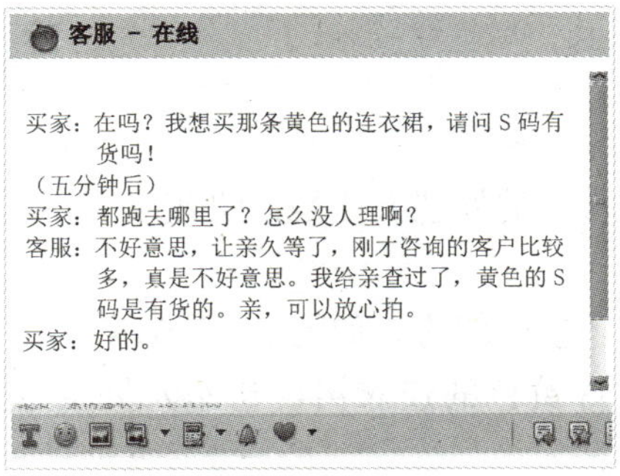

图 8-10　纠纷处理 3

纠纷原因：客户看中了一款连衣裙但不知是否有货，于是向客服询问，可是客服好几分钟也没反应。客户感到很不满意，认为自己没有受到重视。

对于因客服服务态度引起的纠纷，应诚恳地向客户道歉，争取得到客户的谅解。对于一些不满情绪比较强烈的客户，可以适度采取补救措施，如“送优惠券”“送抵金券”等。

（2）若客户给了差评，处理方法是：快速反应—联系客户—了解情况—及时道歉—寻求处理方法（退货还是补偿）—跟踪落实（如果没修改差评，做好差评解释）。

例如，客户拍了件黄色的连衣裙，收到货后觉得商品质量太差，于是给了差评，如图 8－11 所示。

和图片根本不一样，全是线头，上身硬邦邦的！特别是袖子……太差了！

颜色分类：黄色
尺码：L（亏本跑量 拒绝议价）

图 8－11　客户给的差评

作为客服，肯定是希望客户能修改差评的。处理示例见图 8－12。

客服 － 在线

客服：亲！您好！是否我们有做得不好的地方，让您不满意了呢？
买家：你们到底是不是正品啊？质量这么差，这么多线头！
客服：我非常理解您的感受，如果我碰到这样的情况，我也会很生气。但我想告诉亲的是，我们卖的都是正品，如果亲对产品感到不满意的话，我们是七天无条件退货的。
买家：正品怎么那么多线头啊？
客服：亲，我们是请了一些退休老人给我们剪线头的，这样可以提高她们的收入。这些老婆婆眼睛不太好，所以，有些地方剪得不够好。请您谅解。我们也会注意一下，下次肯定不会这样了，能给我们一次改过的机会吗？
买家：可是，不能说是老婆婆眼睛不好就可以质量不保证啊？
客服：亲说得非常对的。无论怎样，我们都要说是我们没有做好才导致出现这种情况，我真诚地向您道歉！真的对不起，给您带来了不便。您看我们能适当给您些补偿吗？
买家：　那你可以怎么补偿呢？
客服：　如果亲愿意给我们机会，我们和那些老婆婆肯定非常感谢。如果亲给我们修改了差评，我们给亲返现 5 元，表示我们的一点心意，亲觉得这样行吗？
买家：好吧，就一次吧。
客服：感谢您的理解和支持，希望有机会继续为您服务哦。小二在这里随时恭候您。

图 8－12　差评的处理

通过客服的努力，客户修改了差评。在这个例子中，客服真诚地道歉并说明了原因，为表示感谢，返现 5 元给客户。虽然补偿很少，但客户觉得既帮助了老婆婆又接受了别人的谢意，心里很舒服。

客户给了差评并拒绝修改，这时就需要做好评价解释。例如，客户拍了一件衣服，收货后对商品质量不满意，直接给了差评，如图 8－13 所示。

是否合身：刚好。

一到货就摸了一下里面的海绵，质量好差！穿着也不舒服。

图 8－13　差评

售后客服通过电话和客户进行了沟通，表明质量有问题的商品可以七天包退换，但客户还是觉得麻烦，不愿意修改差评。于是，客服对该差评进行了解释，如图 8 - 14 所示。

[掌柜解释] 亲，实在对不起，这次购物未能让您满意，在此向您道歉。
我们相信顾客的抱怨和中差评绝不是没有理由的。
我们是新店，开店才一年多时间，信誉不高，销量也不高，我们不注重快速发展，我们注重每一位客户的口碑，事实上，99.6%以上的客户都给予了我们支持、给予了我们好评。谢谢亲的真实评价，我们会继续努力。
亲，您上线时可以联系我们的客服，客服MM会热情为您服务，本店已购买了运费险，您可以申请退货，不需要承担退货邮费的。
最后，我代表我们的销售团队向您致以深深的歉意！

图 8 - 14　差评解释

任务三　回访客户

任务导入

店铺周年庆快到了，主管要求美仪对客户进行一次回访，邀请他们参加老客户优惠活动。美仪了解了优惠活动的具体情况，在千牛工作台设置参数，然后把优惠活动信息通过旺旺和手机信息发给了每个老客户。从店铺周年庆期间销售情况来看，效果不错。

任务实施流程

登录千牛工作台→设置参数→筛选客户→对老客户进行送优惠活动

知识链接

商家都非常重视维护老客户，维护老客户要比开发新客户简单得多。

一、新客户和老客户购买的区别

新客户和老客户购买的区别如图 8 - 15 所示。

当客户第一次进入一家网店时，常会抱着怀疑的态度：第一次购买，顾虑比较多，要看看样式、信誉等，挑选了商品还要砍价、咨询售后，最后才能成交。如果有任何一个环节服务不到位，客户就很可能放弃这次交易。

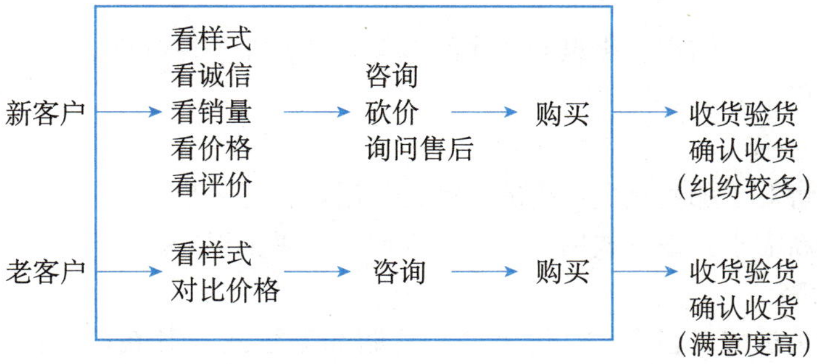

图 8-15　新客户和老客户购买的区别

老客户一般通过收藏或者在已购买商品中直接进入网店，因有之前的购买经验，所以他们一般只看看样式以及是否有优惠，经过简单咨询就下单，或者直接拍下付款。通过对比可知，老客户比新客户更稳定、更容易发展，维护成本更低。

二、影响老客户重复购买的主要因素

老客户重复购买主要与下面几个因素有关，如图 8-16 所示。

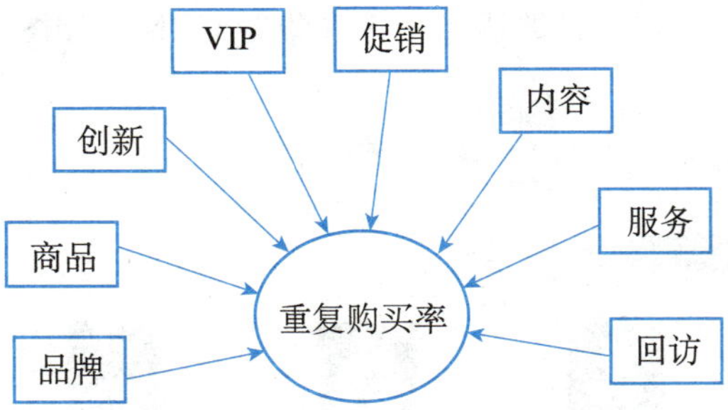

图 8-16　影响老客户重复购买的因素

（1）品牌：品牌在客户心中的地位直接影响客户的重复购买率。如果客户接受了一个品牌，为了方便，都会选择同一品牌。

（2）商品：商品的质量和性价比也是影响重复购买率的重要因素之一。

（3）创新：不断有新品、新款也会吸引老客户重复购买。

（4）VIP：给客户 VIP 的身份，让客户有尊贵感。

（5）促销：促销对老客户也是很好的刺激。

（6）内容：提供有效的商品信息，方便客户选择。

（7）服务：每个环节的服务都会影响客户的重复购买率。

（8）回访：加深印象，促进重复购买。

三、回访客户的主要方法

1. 定期促销

促销的形式主要有新品上架、每月推荐、节日主题，应定期做一个主题活动促销广告推送给老客户。

2. 送优惠

送优惠主要有打折信息、优惠券、送红包等，关键在于控制好成本和有效性，在吸引用户的基础上要保证利润。

3. 上线直接销售

上线直接销售对于那些流量不高的店铺很管用，就是客户一旦上线就和客户沟通，想办法挖掘客户的新需求。该方式用于老客户推销，效果也很好。

4. 转介绍策略

对于成功购买过的老客户，以优惠券或者赠品等形式让其在朋友间帮忙推广，这种“以旧带新”的方式特别适合商品有竞争力的店铺，以好货吸引二次购买。

小任务

“双 11”狂欢周大促期间，对老客户进行回访，回访方式是短信发送优惠信息。

任务实施

（1）登录千牛工作台，在已订购服务中选择集客 CRM，如图 8 - 17 所示。

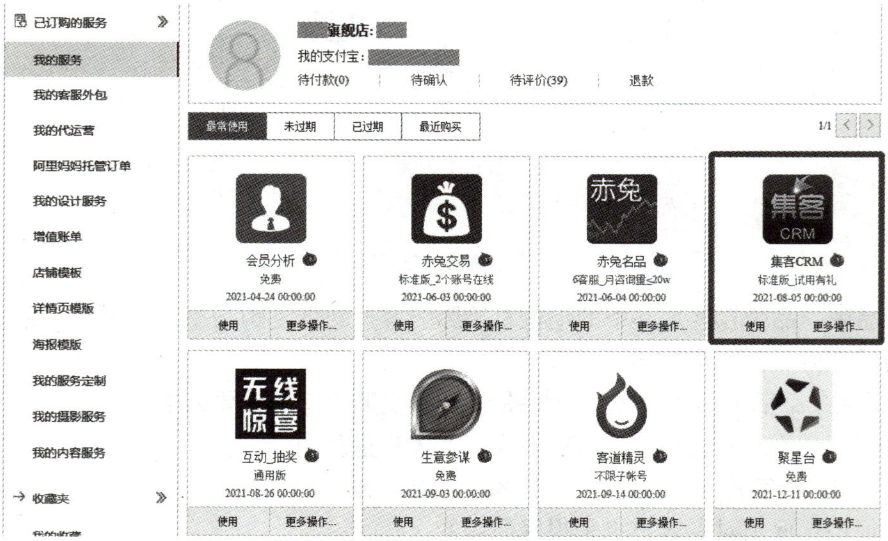

图 8 - 17　选择营销工具

（2）进入集客 CRM 后，单击进入“精准营销—优惠券发送”操作界面，进行设置，如图 8 - 18 所示。

（3）优惠券设置包括选择优惠券、优惠券名称、优惠券金额、有效日期、使用条件等，如图 8 - 19 所示。

（4）筛选会员，设定要发放的会员条件，包括交易次数、累计金额、平均客单价、会员等级、地区筛选、过滤条件、指定商品等，如图 8 - 20 所示。

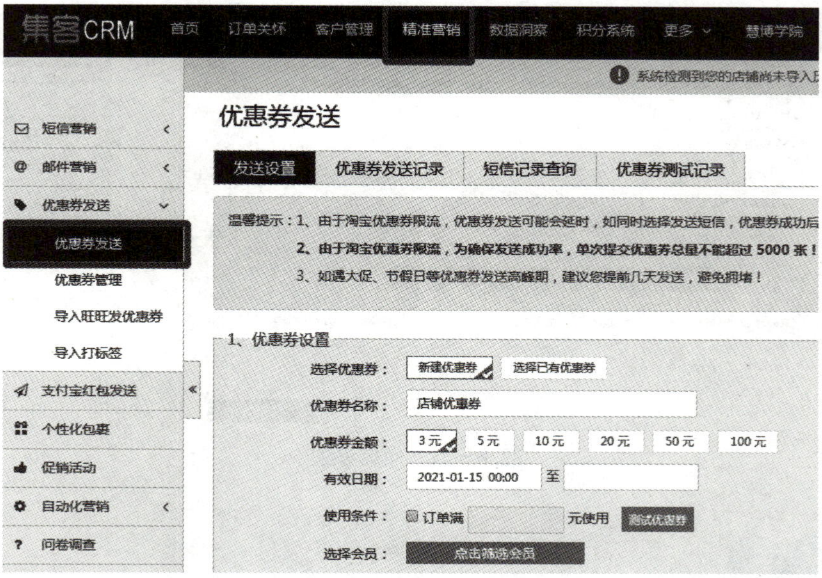

图 8 - 18　优惠券发送界面

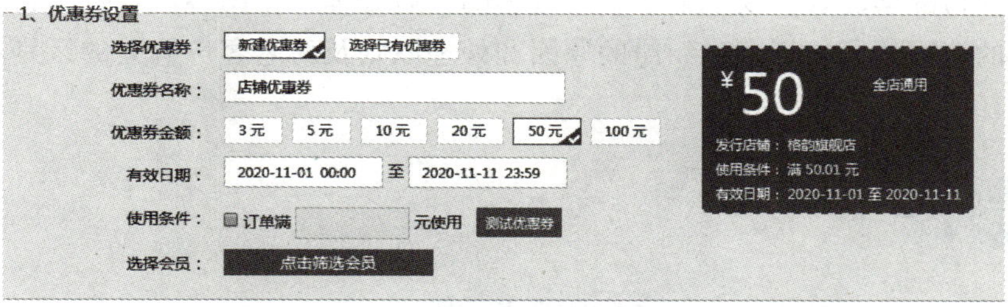

图 8 - 19　设置优惠券

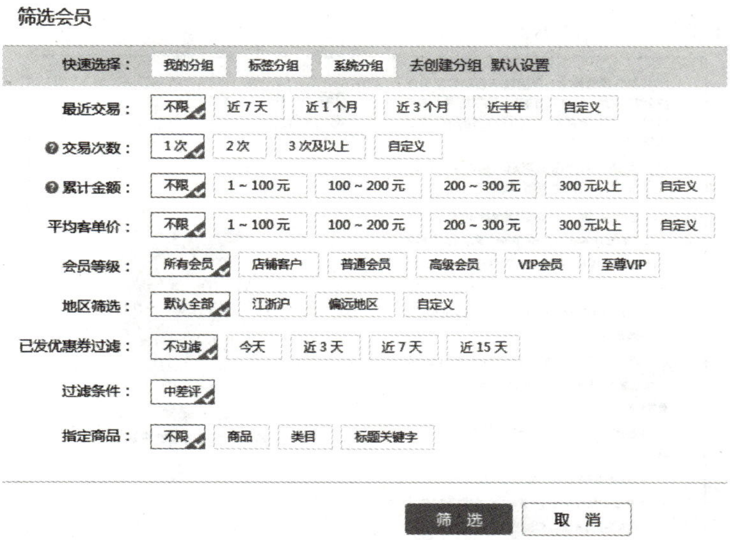

图 8 - 20　筛选会员

（5）短信设置包括短信变量、短信内容、短信签名等，如图 8 - 21 所示，编辑好后可先进行测试。

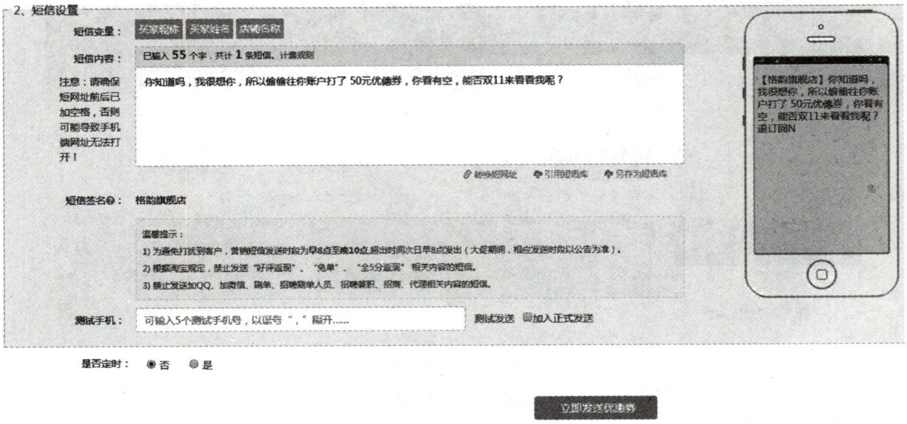

图 8-21　短信设置

项目总结

通过本项目的学习，美仪了解了有效订单的售后处理工作内容，掌握了正常交易中售后服务工作的流程，了解了产生纠纷的原因和处理原则及新老客户购买的区别和回访的主要方法。

知识拓展

售后服务保障卡

售后服务保障卡没有固定的模式，主要包含的内容为订单信息、退换货的信息和评价等，如图 8-22、图 8-23 所示。

图 8-22　售后服务保障卡正面

售后服务保障卡

退换货登记表

购买阿里旺旺：________

收货人姓名：________

联系电话：________

收货地址：________

退货☐			换货☐		请以"✓"表示
退货品牌款号	尺码	颜色	换货品牌款号	尺码	颜色

对我们的批评及建议（选填）

其他备注（选填）

☐是否放钱

退换货流程 RETURNED PURCHASE

首先，真诚的向您道歉，不论什么原因让您需要退换货或退款的，我们都感到万分遗憾的歉意，也请您放松心情，不论什么问题都是可以解决的。

退换货需知 EXCHANG NOTES

您需要填写好"退换登记表"并同商品(包括外包装，附带的其它赠品)一起快递寄回奔奔服饰，我们承诺"收货后七天内无理由退换"的服务，对于退换存在的差价，我们遵循多退少补原则，对于退换货产生的合理快递费，我们遵循责任承担运费的原则。

退货原因	寄回运费的支付方	寄出运费的支付方	备注
商品质量问题	奔奔服饰	奔奔服饰	对于运费由奔奔服饰承担的，请您先垫付快递费用，确认收货时申请退回。
发错商品缺少附件	奔奔服饰	奔奔服饰	
您不喜欢收到的商品	顾客	顾客	
购买的商品尺码不合适	顾客	顾客	
色差、线头等非质量问题	顾客	顾客	

亲爱！请打5分支持奔奔正品店，谢谢！

宝贝与描述相符：5分

卖家的服务态度：5分

卖家发货的速度：5分

图 8－23 售后服务保障卡反面

巩固练习

1. 什么是售后服务？
2. 售后客服的工作内容有哪些？
3. 导致纠纷的原因主要有哪些？客服应如何避免？
4. 中差评的处理方法有哪些？
5. 如果客户拒绝修改差评，客服进行差评解释时要注意什么？

项目九

客户关系管理

项目介绍

在信息技术发展和电子商务日趋成熟的今天，企业的经营逐步从“以产品为中心”的模式向“以客户为中心”的模式转变，因为只有长期忠诚的客户才是企业利润的源泉。为了维持客户的忠诚，使企业获得更大的利润，就需要建立一种经营管理理念——客户关系管理（Customer Relationship Management，CRM）。

学习目标

▶ 知识目标：

1. 了解客户关系管理的基本概念；
2. 掌握客户关系管理体系的模块及其作用；
3. 掌握客户关系管理的实施步骤。

▶ 能力目标：

1. 能够理解电子商务行业所涉及的客户关系管理的范畴；
2. 能够运用客户关系管理的指导思想分析企业电子商务；
3. 能够运用相关知识分析企业电子商务应用 CRM 的发展趋势。

任务一 了解客户关系管理

任务导入

最近，美仪在研究 eBay 的发展历程：eBay 作为一家纯粹的网上拍卖网站，不生产任何产品、没有任何存货并且也不提供实际的运输，只是为买方和卖方提供了一个交流的平台。公司的收入来源主要有三种：一是每条 2～25 美元的信息公布费用；二是卖方支付的用来获得更好的网上展示效果的费用；三是以每件商品的出售价格为基础的 1%～5%的“最终价值”费。

任务实施流程

收集客户信息→分析客户数据→细分客户类型→制定相应的营销策略→维护客户关系和提升客户价值

知识链接

一、客户关系管理概述

1. 客户关系管理的含义

客户关系管理是一种以客户为中心的管理思想和经营理念，是旨在改善企业与客户之间关系的新型管理模式和运营机制，实施于企业的市场、销售、服务、技术支持等方面，目的是吸引和维护客户。客户关系管理以多种信息技术为手段，将最佳的商业实践与互联网和电子商务等信息技术紧密结合在一起，为企业的销售、服务和技术支持等提供一个业务自动化的解决方案。

2. 客户关系管理的核心思想

客户关系管理的核心思想是将企业的客户作为最重要的企业资源，通过完善客户服务和深入分析客户需求，向客户提供满意的产品和服务，达到客户满意的目的。

（1）客户忠诚。

客户忠诚是从客户满意的概念中引出来的，是指客户满意后产生的对某产品品牌或企业的信赖、维护和希望重复购买的一种心理倾向。

忠诚的客户可以降低营销成本，因为企业了解老客户的需求和偏好，能够进行有针对性的营销，从而可以减少企业的广告宣传、样品、促销等费用。忠诚的客户可以降低服务成本，因为老客户对产品比较熟悉，培训和售后服务的成本就降低了；而且老客户对企业的业务流程也熟悉，企业的沟通成本自然也降低了。另外，忠诚的客户可以降低企业的人力和行政成本。由于老客户所需的服务较少，所以可以用较少的人员和设施进行服务和营销，因此人力和行政的费用减少了。忠诚的客户还可以给企业带来更多的利润，促进企业的发展。

客户忠诚来自愉悦的体验，企业使客户享受到超出其预期的服务可以提高客户的忠诚度。应用电子商务和CRM可以迅速、多渠道地整合客户数据，然后进一步分析客户特征，有效地识别客户，将企业的资源更多地投入到忠诚的客户和潜在的忠诚客户身上，花费的成本更低，获得的收益更高。

（2）客户价值。

客户价值观认为：客户是一种资源，并且这种资源能够给企业带来利益。理解客户价值不仅要分析客户直接创造的价值，还要考虑客户能影响到的业务。同时，理解客户价值除了要分析客户为企业带来的实际货币收入外，还要考虑客户给予企业的其他形式的回报。

客户价值的计算如图 9-1 所示。

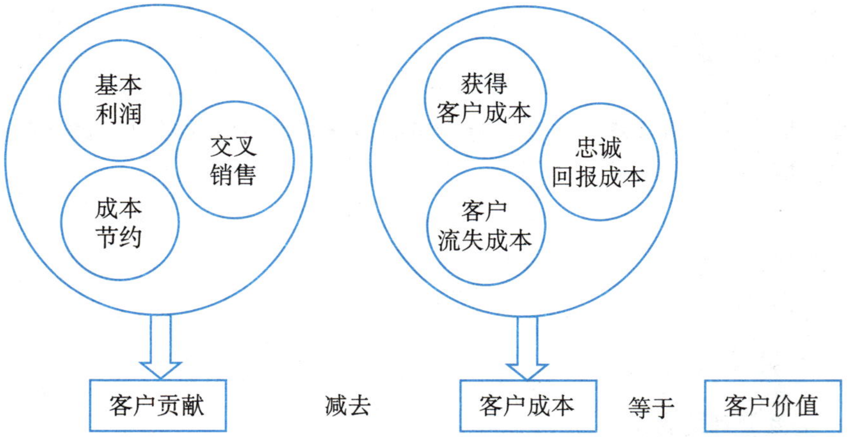

图 9-1　客户价值的计算

（3）客户关怀。

客户关怀就是对客户进行细致入微的关心。客户关怀不仅表现在企业对客户言语上的关心，更表现在行动上的关心。企业应该根据自身产品的特点，制定自己的关怀策略。客户关怀可以通过主动电话营销、网站服务、呼叫中心等手段实现，如表 9-1 所示。

表 9-1　客户关怀的实现

关怀手段	关怀策略
主动电话营销	企业充分利用数据库信息，挖掘潜在客户
网站服务	通过电子商务平台，利用文字、语音、影像等多媒体形式与客户进行互动或网上交易，提供生动、及时且多样化的服务
呼叫中心	利用现代通信与计算机技术等，自动处理各种不同的电话呼入、呼出业务

二、传统与电子商务下的客户关系管理的比较

企业业务通常分成5个部分：营销、销售、服务、项目开发与管理、供货或分销。每个部分承担相应的职能，以维护和发展客户关系。传统与电子商务下的客户关系管理的区别如表9－2所示。

表9－2　传统与电子商务下的客户关系管理的区别

业务	传统客户关系管理	电子商务下的客户关系管理
营销	1. 印刷常见问题解答的小册子； 2. 用多种方式表达谢意； 3. 提供合适的建议； 4. 举办各种客户活动； 5. 识别长期客户； 6. 与客户进行个别交流	1. 网页定制化（根据客户数据提供其感兴趣的产品目录，跳过客户不感兴趣的部分）； 2. 预订清单提示（客户可以预订暂时缺货的产品）； 3. 引导式提问（在网上向客户提少量问题，通过客户的回答分析客户偏好）； 4. 个性化产品推荐（根据客户偏好分析，提供类似的产品或服务）
销售	1. 热情提供咨询和其他服务； 2. 定期与客户联系； 3. 推荐适合客户的最优性价比的产品或服务； 4. 向客户提供保证； 5. 得到客户反馈并及时做出反应； 6. 进行新客户促销活动	1. 请客户注册（获得客户信息）； 2. 向不同类型的客户提供不同的建议； 3. 定制网页（这样客户可以首先看到与其相关的信息）； 4. 个性化产品优惠与推荐（根据客户购买记录和偏好分析）； 5. 让客户自己选择服务的时间和方式（自动或人工咨询，网上交易或离线交易）； 6. 识别老客户
服务	1. 倾听客户的意见； 2. 迅速做出回应； 3. 做出现实的承诺； 4. 服务一流的电话礼仪； 5. 继续向客户提供详细的使用说明； 6. 继续向客户介绍公司的产品和服务种类	1. 多渠道交流与服务； 2. 向客户提供强大的搜索功能； 3. 在线及多种选择的产品与技术支持； 4. 客户分组、公告牌以及聊天室； 5. 多种支付方式及派送方式选择
项目开发与管理	1. 方便交易； 2. 引入新事物； 3. 迅速决策； 4. 建立客户数据库； 5. 采用增值战略，实行增值促销； 6. 建立俱乐部（或类似方式），为老客户提供服务	1. 设计具有吸引力的网站； 2. 客户反馈与数据整理； 3. 整合在线与离线数据
供货或分销	1. 及时供货； 2. 货到付款； 3. 使手续简单化	1. 简单、快速处理订单（因存有客户的基本信息，使得客户的重复购买更加简单）； 2. 在线订单追踪（客户可以随时了解其所订购产品的状态）； 3. 安全性和隐私性（客户的信息可得到保护）

小任务

通过调查问卷收集客户信息，运用 RFM 模型（该模型是衡量客户价值的重要工具和手段，通过一个客户的最近一次消费、消费频率和消费金额三项指标来描述该客户的价值状况）对抽样客户进行科学细分，并对细分客户制定不同的营销策略，以达到维护客户关系和提升客户价值的目的。

任务实施

1. 收集客户信息

利用调查问卷收集客户信息，完成表 9－3。

表 9－3　客户关系管理调查问卷

淘宝网客户关系管理调查问卷
尊敬的先生/女士： 感谢您参与客户关系管理的调查，您所提供的资料将被用于客户关系管理发展的研究，我们将对您的信息进行保密。感谢您在百忙之中抽出宝贵的时间来完成这份问卷！
（1）请问您最近一次在淘宝网上消费是什么时候？ （2）请问您平均每个季度在淘宝网上消费几次？ （3）请问您平均每个季度在淘宝网上消费多少钱？

2. 分析调查问卷

从淘宝网客户关系管理调查问卷中随机抽取 10 位客户的调查结果，运用 RFM 模型对客户的交易行为进行深入分析，完成表 9－4。

表 9－4　建立 RFM 模型

客户编号	最近一次消费（Recency）	消费频率（Frequency）	消费金额（Monetary）
1			
2			
3			
4			
5			
6			
7			
8			
9			
10			
平均值			

RFM 模型的三个指标如下：

（1）最近一次消费（Recency）：指客户最近一次交易和现在的时间间隔。R 值越低，客户的价值越高。

（2）消费频率（Frequency）：指客户在最近一段时间内购买的次数。F 值越高，客户的价值越高。

（3）消费金额（Monetary）：指客户在最近一段时间内购买的金额。M 值越高，客户的价值越高。

3. 比较 RFM 均值

比较各客户的 RFM 均值，如果客户的单个指标大于（等于）单个指标平均值，则比较结果标记“↑”，否则标记“↓”，完成表 9-5。

表 9-5 细分客户级别

客户编号	比较结果	客户级别
1		
2		
3		
4		
5		
6		
7		
8		
9		
10		

这样，客户类型可划分为以下 6 类：

（1）类型 1（R↓F↑M↑）：这类客户与企业交易频繁，交易量大且最近一次交易时间间隔短，客户实际贡献的价值很高，且具有很高的潜在价值，是企业的优质客户群，因此可视为企业的重要维护客户，继续维护与这类客户的关系是企业利润的重要保障。

（2）类型 2（R↓F↓M↑）：这类客户最近一次交易时间间隔短，购买金额大，购买频率较低，对企业的利润贡献不及“R↓F↑M↑”型客户。但是这类客户具有很高的潜在价值，如果企业能够分析、了解、满足他们的需求，采用有针对性的营销手段吸引他们，提高他们的购买频率，将会给企业带来更多利润，因此这类客户可视为企业重要发展客户。

（3）类型 3（R↓F↑M↓）：这类客户最近一次交易时间间隔短，购买频率高，属于活跃客户，但累计购买交易金额较少，企业利润也较少。这类客户有可能购买力有限，也有可能购买力强，但对企业的一些产品不感兴趣。加大对这类客户的营销投入存在一定的风险，但适当维持与这类客户的关系又能使企业获得一定的利润。因此，这类客户属于企业的一般重要客户。

（4）类型 4（R↑F↑M↑）：这类客户与企业的接触频率很高，购买量也很大，但长时间没有与企业交易，存在流失风险。对这类客户，企业应尽量挽留，通过营销手段提高客户忠诚度。因此，可视其为企业的重要挽留客户，是企业利润的潜在来源之一。

（5）类型 5（R↑F↑M↓）：这类客户购买频率较高，但长时间没有与企业交易，而且购买量很低，企业已很难从他们身上获取更多利润，因此只能看作是企业的一般客户。

（6）类型 6（R↑F↓M↓）：从购买间隔、购买频率、购买量三方面分析，这类客户都属于“劣质”客户，企业没有任何必要继续维持与他们的关系，属于企业的无价值客户。

4. 制定策略

针对不同的客户类型制定相应的营销策略，完成表 9－6，以期望达到维护客户关系及提升客户价值的目的。

表 9－6　制定营销策略

客户级别	营销策略
重要维护客户	
重要发展客户	
一般重要客户	
重要挽留客户	
一般客户	
无价值客户	

任务二　使用客户关系管理工具

任务导入

美仪来到朋友陈军的公司。陈军作为一家网络设备公司的老总，正在考虑引进先进的 CRM 产品实现有效客户关系管理，他正在听取某 CRM 售前代表关于产品基本功能及应用的讲解。美仪很想借这样的机会进一步了解 CRM 产品。

任务实施流程

运行 CRM 软件→记录客户资料→建立商务联系→安排下次回访→统计相关数据

知识链接

一、电子商务环境下理想的客户关系管理体系

电子商务环境下完整的客户关系管理体系应该包括四大模块：营运管理模块、接收客

户资料的客户信息管理模块、对客户资料进行分析整理的数据分析管理模块和保障系统运作的基础技术模块，如图 9－2 所示。

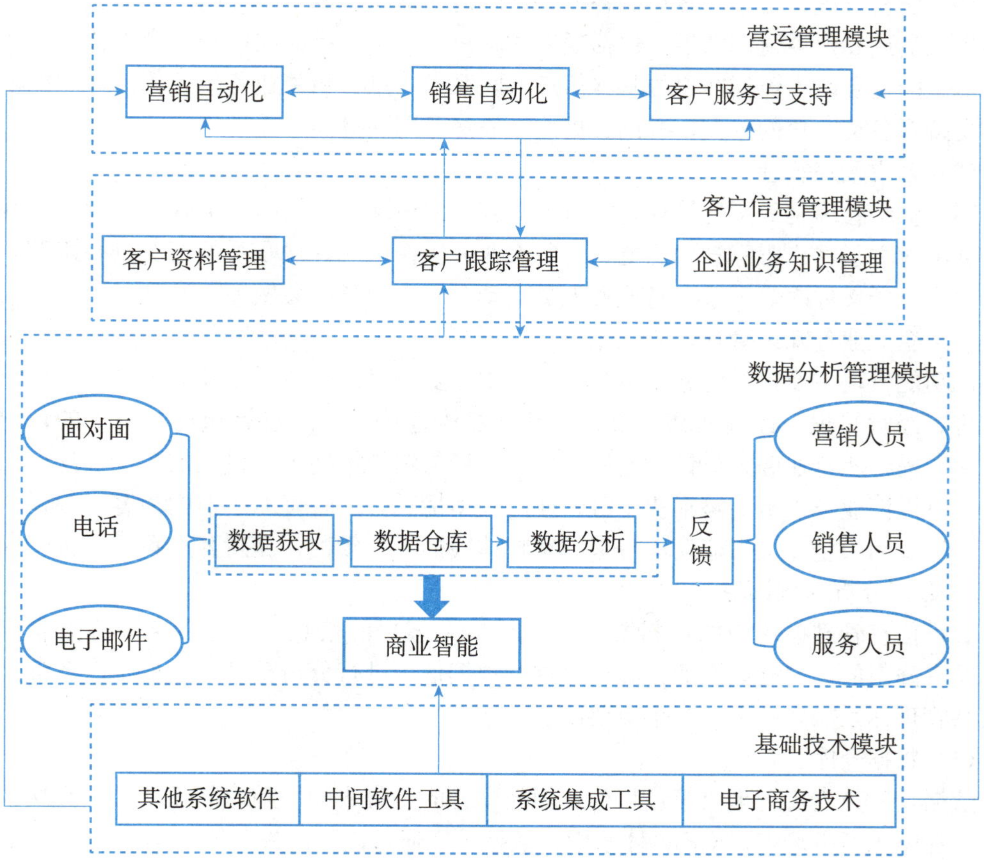

图 9－2　客户关系管理体系

1. 营运管理模块

（1）营销自动化。

营销自动化是在电子商务环境下出现的 CRM 领域中比较新的功能模块，它可以设计、执行和评估市场营销行为，赋予营销人员更强大的工作能力，使其能够直接对市场营销活动的有效性加以计划、执行、监督和分析，使一些共同的任务和过程自动化。

（2）销售自动化。

销售自动化是 CRM 系统中最基本的功能模块，主要管理商业机遇、客户数据和销售渠道等方面的问题。它的主要应用对象是销售人员和销售管理人员，借助这个功能，销售人员将有更多的时间与客户进行面对面的销售活动。

（3）客户服务与支持。

企业不论是在售前、售中还是售后都应该提供良好的客户服务，提高客户满意度，保持良好的客户关系。在电子商务环境下，客户关系管理的客户服务与支持模块正是起着这样的作用。

2. 客户信息管理模块

（1）客户资料管理。

客户资料管理就是管理客户的各种信息。这些信息可能来自呼叫中心，也可能来自每个销售人员或其他渠道。它不但包括现有的客户，而且包括潜在客户、合作伙伴、代理商等。信息的主要内容包括客户的基本信息、联系人信息、相关业务信息等。该功能模块还能够支持对各类客户的分类、查询、更改、添加及删除等。

（2）客户跟踪管理。

客户资料管理是静态的管理，它不能对客户的情况进行实时的监控。为此，在客户信息管理中建立了客户跟踪管理功能，对每次业务操作中与客户联系的情况进行跟踪，对提交客户的电子文件跟踪记录，对业务人员活动及未来商务约会做提醒设置。

（3）企业业务知识管理。

此功能模块主要提供业务人员日常工作中需要的信息，包括企业介绍、产品介绍、产品报价、经营知识、标准文档、市场活动、媒体宣传、产品趋势和竞争对手的情况。同时，它还提供所有业务人员针对不同案例、市场与销售策略进行讨论的功能。这些信息以及功能可以使业务人员能够很快了解企业的基本情况，同时有助于他们为客户提供一致的服务，减少因为企业员工流动所带来的客户体验的不一致性，提高客户满意度和忠诚度。

3. 数据分析管理模块

客户信息管理模块中的资料既有传统环境下客户的信息，又有网络环境下客户的信息；既有静态的，又有动态的。如何对这些数据信息进行分析整理，是电子商务环境下客户关系管理体系需要解决的一个重要问题。

（1）数据仓库。

数据仓库是支持管理决策过程的、面向主题的、集成的、随时间而变的、直接的数据集合。在电子商务环境下 CRM 体系中，数据仓库通过以下流程开展工作：

1）汇集客户信息管理模块中的各项数据（客户信息、客户追踪信息、企业业务信息），通过数据转化进入数据仓库。

2）通过数据挖掘技术实现数据间的内在关系或预测其以后的发展方向和模式。

3）通过分析工具进行分析，获取所需信息，为企业客户应用提供依据。

（2）商业智能。

数据仓库中的信息可以帮助企业很好地进行决策，而传统的人工决策带有太多的主观色彩，这就需要在电子商务环境下 CRM 体系中建立商业智能对决策进行支持。商业智能是对商业信息的搜集、管理和分析过程，目的是使企业的各级决策者获得知识或洞察力，促使他们做出对企业更有利的决策。

4. 基础技术模块

在电子商务环境下，客户关系管理必须与电子商务的其他系统集成，而且 CRM 系统内的几个功能模块也是相互支持和共享信息的，这些都需要相应的技术、设备和软件来保障。

这个模块中的技术主要分为以下几类：

（1）其他几个模块的应用软件管理，如数据库管理系统、电子软件开发技术。

（2）中间软件和系统集成工具的管理，如中间软件系统、系统执行管理工具；企业及系统集成管理，包括供应链管理 SCM 以及企业资源计划 ERP 的集成管理等。

（3）电子商务技术和标准管理，如 Internet 技术和应用、EDI 技术及标准、通行标准管理，这也是电子商务环境下 CRM 所特有的。

二、客户关系管理系统的分类

CRM 的产生和发展经历了一个漫长的过程，在这个过程中出现了各种不同类型的 CRM，产品的性能也逐渐趋于成熟。按照目前市场上流行的功能分类方法，CRM 应用系统可以分为运营型 CRM、分析型 CRM、协同型 CRM。

（1）运营型 CRM 要求所有业务流程流线化和自动化，包括经由多渠道的客户“接触点”的整合、前台和后台运营之间平滑的相互链接和整合。

（2）分析型 CRM 主要是分析运营型 CRM 中获得的各种数据，进而为企业的经营、决策提供可靠的量化依据。

（3）协同型 CRM 能够让企业员工同客户一起完成某项活动。

目前，运营型的客户关系管理产品占据了客户关系管理市场大部分的份额。运营型客户关系管理解决方案虽然能够基本解决企业业务流程的自动化处理、企业与客户间沟通以及相互协作等问题，但是随着客户信息的日趋复杂，已经难以满足企业进一步的需要，在现有客户关系管理解决方案基础上扩展强大的业务智能和分析能力就显得尤为重要。因此，分析型、协同型客户关系管理毫无疑问将成为今后市场需求的热门。

三、淘宝网卖家服务市场上的 CRM 软件

在阿里巴巴旗下商家服务市场搜索“CRM”，可以找到很多 CRM 管理软件，如客道、集客、多卖、赤兔、云加、云积、超级店长等，下面以集客 CRM 为例进行介绍。

集客 CRM 是一款基于 SaaS 模式的会员关系管理服务平台，其主界面如图 9－3 所示，上面为各功能选项卡，下面提供店铺经营看板、订单成交分析、快速入口、店铺信息、公告、通道情况等服务。

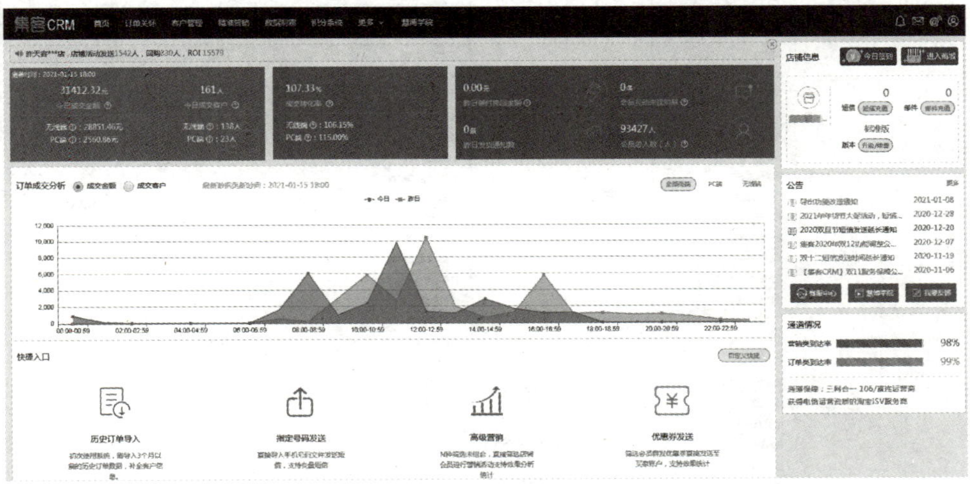

图 9－3　集客 CRM 主界面

集客 CRM 的产品特色：

（1）智能营销，根据会员不同生命周期特征，完成智能营销推送，刺激不同阶段客户

回购。

（2）会员忠诚度管理，打通线上线下会员数据，统一权益，利用互动积分活跃用户，实现全渠道会员管理。

（3）精准获客，分析用户感兴趣的内容和浏览痕迹，进行精准投放并持续跟踪，达成二次购买。

集客 CRM 的具体功能如图 9－4、图 9－5 所示。

一级菜单	二级菜单	三级菜单
首页	首页	/
	教程中心	/
订单关怀	下单关怀	下单关怀
		下单关怀（拨到付款）
	催付提醒	常规催付
		二次催付
		预售催付（自动催定金）
		优秀催付案例
	物流提醒	发货提醒
		到达同城提醒
		派件提醒
		签收提醒
		疑难件提醒
		延时发货提醒
		物流广告
	宝贝关怀	/
	付款关怀	/
	回款提醒	/
	退款关怀	/
	评价关怀	评价提醒
		未评价提醒
	手动订单提醒	/
公共部分（不属于 1 级菜单）	短网址应用	淘宝短网址
		集客短链
		集客个性短链

一级菜单	二级菜单	三级菜单
精准营销	短信营销	会员营销
		指定号码发送
		高级营销
		联合营销发短信
		在线营销
		营销效果汇总
		优秀营销案例
		视频短信
		彩信功能
	邮件营销	会员邮件营销
		导入邮箱发送
		邮件模板管理
	优惠券发送	优惠券发送
		优惠券管理
		导入旺旺发优惠券
		导入打标签
	支付宝红包发送	/
	个性化包裹	/
	促销活动	/
	自动化营销	会员升级关怀
		生日关怀
		满月礼 / 周年礼
		老客户召回
	生日登记	/
	问卷调查	/

一级菜单	二级菜单	三级菜单
客户管理	高级分组	/
	客户列表	/
	会员互动	/
	黑名单管理	/
	商品标签	/
	标签管理	/
	自动打标签	/
	自定义画像	/
后台管理	历史订单导入	/
	订单查询	/
	短信发送记录	/
	短信账单	/
	会员资料补充	/
	评价导出	/
	导出管理	/
	手机号绑定	/
	多店铺绑定	/
	发票申请	/
	多店铺转短信	/
	权限管理	用户管理
		角色管理
联合营销	联合活动广场	/
	装修	我发起的活动
		我加入的活动

图 9－4　集客 CRM 主要功能 1

一级菜单	二级菜单	三级菜单
积分系统	会员等级积分设置	等级规则
		积分规则
	赚积分	交易赚积分
		互动赚积分
	花积分	积分兑换管理
		加钱购
		团购
		加购减价
		新品试用
		订单管理
	会员积分管理	会员积分列表
		手动修改积分
		积分变动记录
	积分分析	积分趋势分析
		积分来源分析
		积分获取分析
		积分消费分析
		等级互动统计
		积分活动汇总分析
	后台管理	历史数据导入
		会员等级导入
		黑名单
		导出管理
		短信功能
		授权管理
		自定义名单查询
		首页通知设置

一级菜单	二级菜单	三级菜单
数据洞察	会员分析	新老客户分析
		复购率分析
		回购周期分析
		客人 RFM 分析
		RFM 模型分析
		TOP 客户分析
	商品分析	回购分析
		口碑分析
		连带分析
		退货分析
		对比分析
		商品价格区间分析
		商品成交分析
		商品类目分析
	订单分析	订单成交分析
		订单成交地域分析
		订单来源分析
		客单价分析
		付款时间分析
		发货能力分析
	年度数据分析	新老客年度分析
		新老客复购分析
		客户留存分析
		年度成交分析
	数据过滤设置	/
	行业数据	/
	入会渠道分析	/

一级菜单	二级菜单	三级菜单
客服中心	事务跟进	未付款跟进
		发货跟进
		物流跟进
		退款跟进
	我的事务	事务列表
		事务设置
	评价管理	评价概况
		评价列表
		中差评概况
		中差评分析
		中差评原因设置
		中差评类别管理

图 9－5　集客 CRM 主要功能 2

小任务

了解集客 CRM 软件操作界面，熟悉客户管理模块的功能。

任务实施

（1）在“卖家中心—软件服务—我的服务”里找到集客 CRM，如图 9－6 所示。

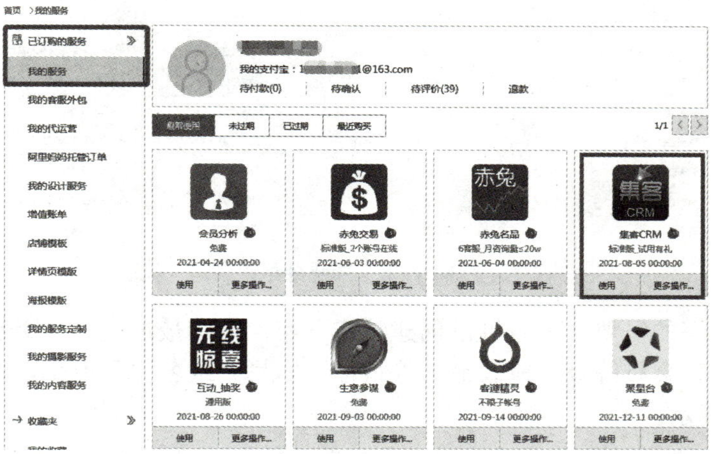

图 9－6　找到集客 CRM

（2）打开集客 CRM，进入客户管理界面。客户管理模块下有会员分组、客户分群、客户列表、会员互动、黑名单管理、商品标签、标签管理、自动打标签、自定义画像等功能，如图 9－7 所示。

图 9－7　客户管理界面

（3）会员分组包括全部分组、系统分组、标签分组和我的分组，系统根据客户的购买频次分组如图 9－8 所示。

序号	分组名称	客户数（人）	分组来源	说明
1	近半年老客户	2510	系统分组	购买 2 次及以上；近半年，下过单的客户。
2	普通会员	465	系统分组	来自淘宝等级同步。
3	全部成功交易客户	88421	系统分组	至少购买过 1 次。
4	休眠半年以上客户	88752	系统分组	半年以上未下过单的客户。
5	休眠一年以上客户	75815	系统分组	一年以上未下过单的客户。
6	购买过 1 次客户	57098	系统分组	购买过 1 次。
7	高级会员	159	系统分组	来自淘宝等级同步。
8	购买过 2 次客户	12917	系统分组	购买过 2 次。
9	VIP会员	65	系统分组	来自淘宝等级同步。
10	店铺会员	92687	系统分组	来自淘宝等级同步。

图 9－8　系统分组

根据店铺营销的需要，客服可以创建特定分组。设定最近交易、交易次数、累计金额、平均客单价、会员等级、地区筛选等指标，填写分组名称和说明，保存即可创建分组，如图 9－9 所示。

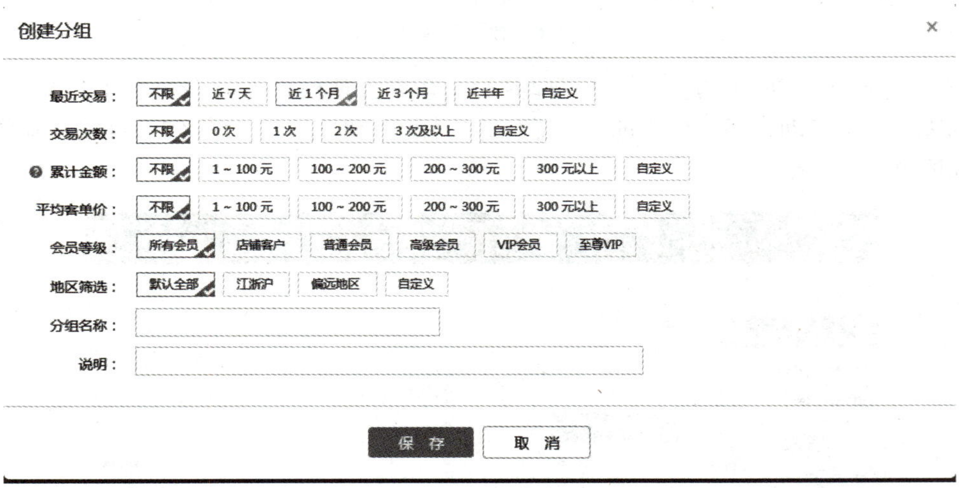

图 9－9　创建分组

（4）客户分群：根据已购买过客户的基础属性、交易属性、RFM 属性、标签属性和自定义画像属性等可以新建人群，如图 9－10 所示。

（5）客户列表：可以查找在本店铺购买过的客户信息，如买家昵称、买家姓名、会员等级、最后交易时间、未购买时间、成功交易笔数、累计消费金额、平均客单价等，如图 9－11 所示。

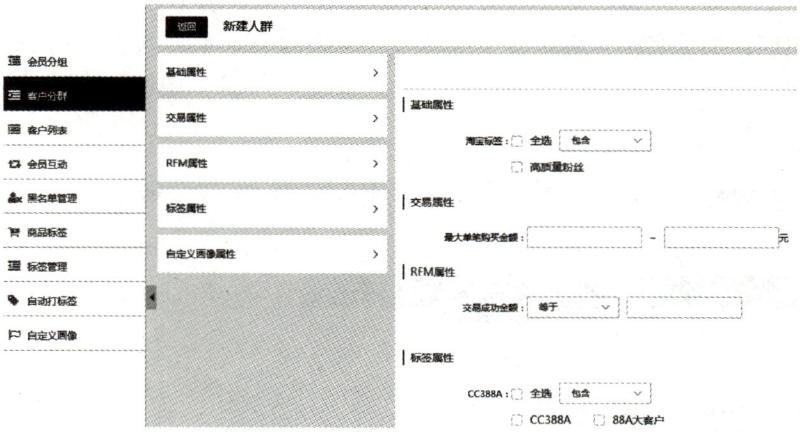

图 9－10　新建人群

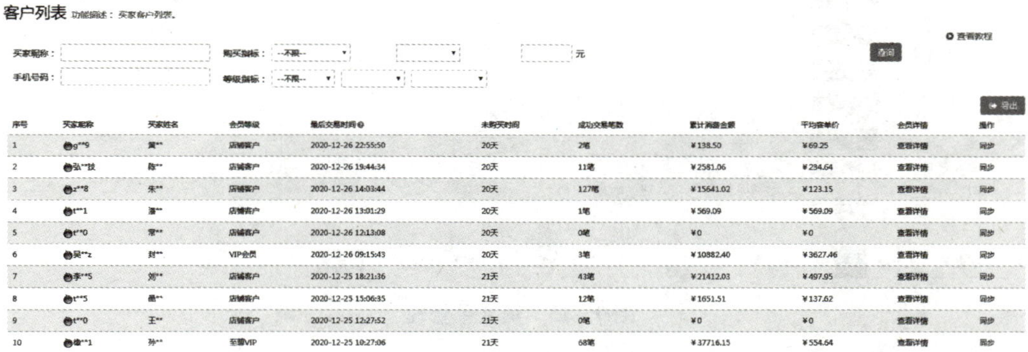

序号	买家昵称	买家姓名	会员等级	最后交易时间	未购买时间	成功交易笔数	累计消费金额	平均客单价	会员详情	操作
1	g**9	黄**	店铺客户	2020-12-26 22:55:50	20天	2笔	¥138.50	¥69.25	查看详情	同步
2	弘**技	陈**	店铺客户	2020-12-26 19:44:34	20天	11笔	¥2581.06	¥234.64	查看详情	同步
3	z**8	朱**	店铺客户	2020-12-26 14:03:44	20天	127笔	¥15641.02	¥123.15	查看详情	同步
4	t**1	潘**	店铺客户	2020-12-26 13:01:29	20天	1笔	¥569.09	¥569.09	查看详情	同步
5	t**0	常**	店铺客户	2020-12-26 12:13:08	20天	0笔	¥0	¥0	查看详情	同步
6	吴**z	封**	VIP会员	2020-12-26 09:15:43	20天	3笔	¥10882.40	¥3627.46	查看详情	同步
7	李**5	刘**	店铺客户	2020-12-25 18:21:36	21天	43笔	¥21412.03	¥497.95	查看详情	同步
8	t**5	番**	店铺客户	2020-12-25 15:06:35	21天	12笔	¥1651.51	¥137.62	查看详情	同步
9	t**0	王**	店铺客户	2020-12-25 12:27:52	21天	0笔	¥0	¥0	查看详情	同步
10	億**1	孙**	至尊VIP	2020-12-25 10:27:06	21天	68笔	¥37716.15	¥554.64	查看详情	同步

图 9－11　客户列表

（6）会员互动：可查询会员互动记录、卖家发送记录、买家回复内容查询、赠送记录等，如图 9－12 所示。

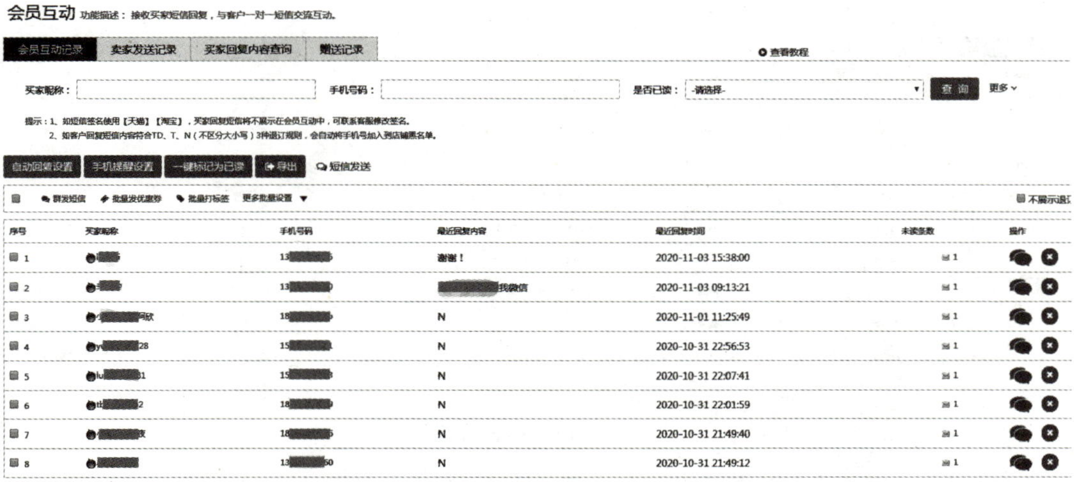

序号	买家昵称	手机号码	最近回复内容	最近回复时间	未读条数	操作
1	[redacted]	13[redacted]	谢谢！	2020-11-03 15:38:00	1	
2	[redacted]	13[redacted]	[redacted]我微信	2020-11-03 09:13:21	1	
3	[redacted]欣	18[redacted]	N	2020-11-01 11:25:49	1	
4	y[redacted]28	15[redacted]	N	2020-10-31 22:56:53	1	
5	lu[redacted]1	15[redacted]	N	2020-10-31 22:07:41	1	
6	tt[redacted]2	18[redacted]	N	2020-10-31 22:01:59	1	
7	[redacted]衣	18[redacted]	N	2020-10-31 21:49:40	1	
8	[redacted]	13[redacted]50	N	2020-10-31 21:49:12	1	

图 9－12　会员互动

（7）黑名单管理：可以添加、导入、导出、删除手机黑名单或旺旺黑名单，多店铺绑定后将共用主店铺的黑名单，绑定时会自动将子店铺的黑名单加入主店铺中，如图 9－13 所示。

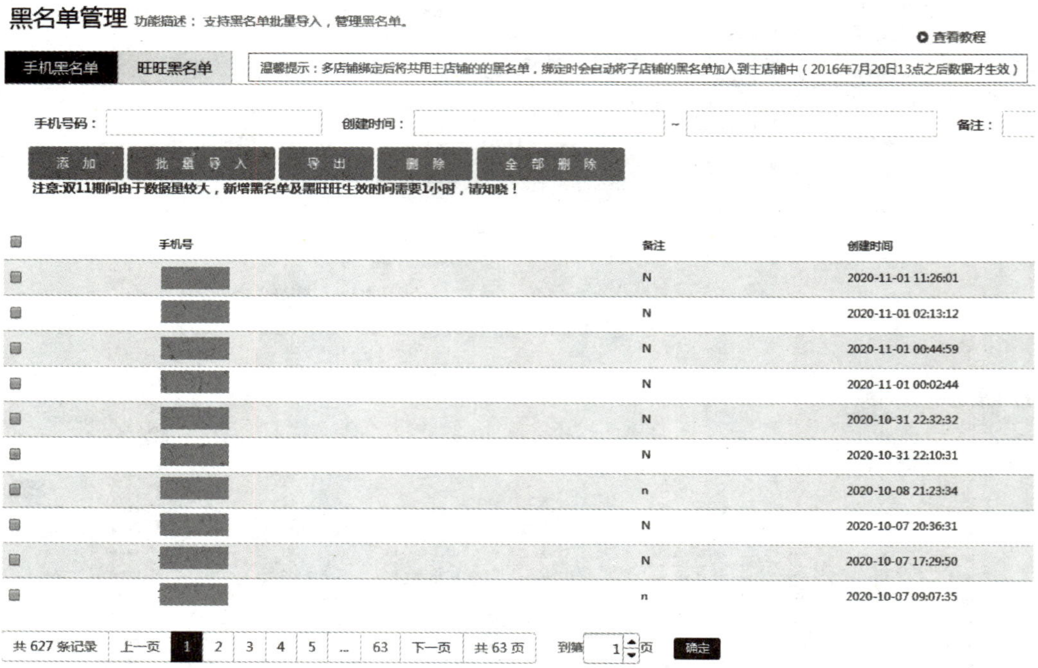

图 9－13　黑名单管理

（8）标签管理：根据客户购买商品类型设置标签，如图 9－14 所示。

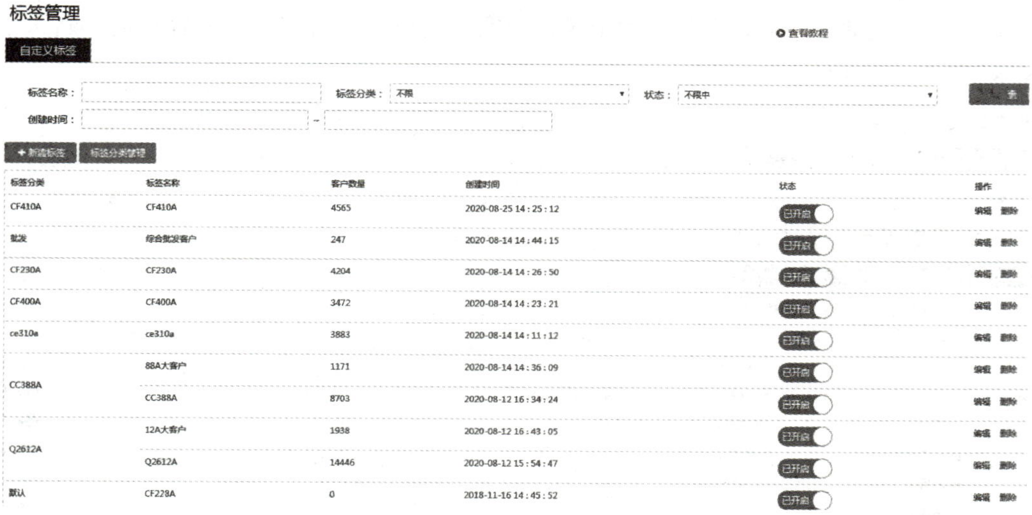

图 9－14　标签管理

（9）自定义画像：可以根据客户的多重购买属性添加用户的自定义画像，如图 9－15 所示。

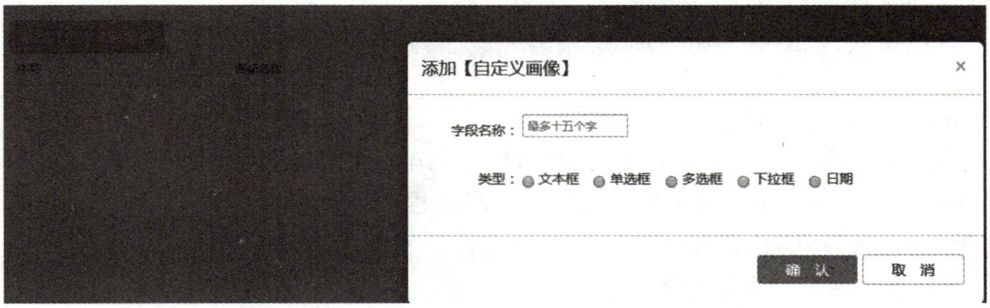

图 9－15　自定义画像

任务三　实施客户关系管理

任务导入

美仪在朋友陈军的公司第一次接触 CRM 系统后有了新的认识：CRM 系统只是客户关系管理的一部分，它的目标是使企业可以更有效地实施客户关系管理。因此，要想实现 CRM 的最终目标，实施过程十分重要。

任务实施流程

访问企业网站→了解企业实施 CRM 的情况→设计调查问卷→分析企业 CRM 应用现状中存在的问题→制定相应的策略

知识链接

一、电子商务环境下 CRM 的实施规则

企业要在电子商务时代真正地实现客户关系管理的目标，必须将客户关系管理落实到实际运作中，即实施 CRM。CRM 的实施规则如图 9－16 所示。

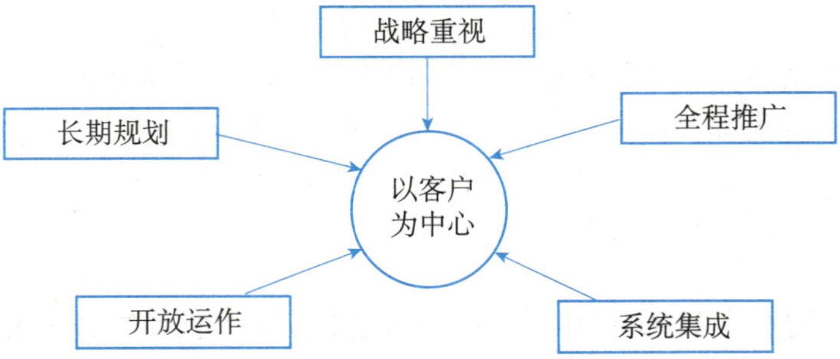

图 9－16　CRM 的实施规则

二、电子商务环境下 CRM 的实施策略

1. 做好用户需求分析

CRM 最大的用户群就是企业内的销售队伍。销售人员是非常现实的，他们要看到效果、要求速度快。在企业内部 CRM 的应用推广过程中，要分步骤进行，使销售人员有消化的过程，使他们能够感到有收获。

2. 提升管理理念，重组业务流程

CRM 首先是一种管理思想，然后才是一种技术。实施 CRM 最重要的是：在企业内部全面贯彻“以客户为中心”的管理理念，变重视企业利润为重视客户利益，变关注客户群体需求为关注客户个性需求，变面向理性消费的经营思路为面向情感消费的经营思路，并以此为基础对现有流程进行改造、对组织结构进行调整。

3. 高层管理者的理解与支持

高层管理者对 CRM 实施的支持、理解与承诺是成功的关键因素之一。要得到管理者的支持与承诺首先需要管理者对项目有一定的参与度，进而能够对项目实施有一定的理解。CRM 系统实施所影响到的部门的高层领导应成为项目的发起人或参与者，CRM 系统的目标、业务范围等信息应当经由他们传递给相关部门和人员。

4. 从关键应用入手

CRM 在一般中小企业的关键应用集中在两个方面：一是客户资源的积累和共享，企业需要将分散在各部门、分公司的资源进行整合；二是销售自动化。传统的管理方法是以结果为主的管理，CRM 是以过程为主的管理。解决好关键应用可以在较短时间内看到 CRM 为企业带来的效益，从而坚定企业全面实施 CRM 的决心。

5. 与原有系统的集成

CRM 涵盖整个客户生命周期，涉及企业的众多业务，不应是一个孤立的系统，应与企业原有系统整合，通过与业务系统的集成与数据共享才能保证 CRM 发挥最大效力。

6. 软件供应商的选择

企业应当根据自己的行业特点、商业运作重点、市场因素、应用范围界定、组织结构、公司财力等因素，选择适当的 CRM 产品和供应商。

7. 为电子商务的应用打下基础

CRM 应该与合作伙伴、客户和潜在客户建立基于 Web 交互的无缝连接，为企业提供一个基于电子商务的面向客户的前端工具，满足客户个性化需求，帮助企业顺利实现由传统企业模式到以电子商务为基础的现代企业模式的转化。

小任务

上网查找相关资料，了解屈臣氏实施 CRM 的情况，针对屈臣氏 CRM 应用中存在的问题设计调查问卷并进行抽样分析，最后制定出相应的策略。

任务实施

屈臣氏是亚洲地区最具规模的个人护理用品连锁店，是世界知名的保健及美容产品零

售商和香水及化妆品零售商。

1. 了解屈臣氏实施 CRM 的情况

2007—2008 年，屈臣氏曾推行过会员卡，当时采用了与大部分超市一样的操作方式，在店面由专门的会员卡推广人员负责入会申请受理，会员卡没有设置有效期，办卡仅收工本费 1 元。会员卡实行积分制，每次消费 10 元积 1 分，满 200 分可以兑换礼品或抵用现金券，而且每周会推出数十件贵宾独享折扣商品，低至 8 折。可在投入大量的人力、财力后，屈臣氏的第一代会员卡却没有达到预期的效果，预期的 5%的销售增长率也没有实现。

2. 设计调查问卷

为屈臣氏 CRM 的实施设计客户调查问卷和公司员工调查问卷，完成表 9－7 和表 9－8。

表 9－7　客户关系管理客户调查问卷

亲爱的先生/女士：			
感谢您参与客户关系管理的调查，我们希望通过问卷了解屈臣氏目标消费群对屈臣氏的商品、服务的满意度，从而找出屈臣氏的不足。麻烦您花费宝贵的时间来完成这份问卷，非常感谢您的合作!			
请按提示填写您的答案。			
性别：□男　□女			
年龄：□20 岁以下　□21～30 岁　□31～40 岁　□41～50 岁　□50 岁以上			
(1) 您经常光顾屈臣氏吗？(　　)			
A. 定期光顾	B. 特意光顾但不定期	C. 顺路时光顾	D. 很少光顾
(2) 为什么您会选择去屈臣氏购物？(　　)			
A. 商品种类多样 D. 广告宣传	B. 价格低廉 E. 地理位置好、便利	C. 良好的服务	
(3) 您在屈臣氏主要购买哪些商品（可多选)？(　　)			
A. 化妆品 D. 日用品	B. 美容护肤品 E. 保健品	C. 食品	
(4) 您觉得屈臣氏自有品牌的商品如何？(　　)			
A. 很好，会继续购买 D. 以后都不会买	B. 还可以，促销时会买 E. 从未购买，不知道	C. 没感觉，可有可无	
(5) 您了解或使用过屈臣氏的会员卡吗？(　　)			
A. 使用过	B. 没有使用过，但了解过	C. 不知道	
(6) 您对屈臣氏会员卡的相关优惠满意吗？(　　)			
A. 满意，很实惠	B. 一般，优惠不多	C. 不满意	
(7) 您对屈臣氏店员的服务态度是否满意？(　　)			
A. 满意，热情周到	B. 一般，与超市的差不多	C. 不满意	
(8) 您觉得在屈臣氏的购物过程中寻求咨询帮助的难易程度如何？(　　)			
A. 很容易	B. 一般	C. 经常找不到人	D. 很少咨询
(9) 您觉得屈臣氏的促销手段能吸引您消费吗？(　　)			
A. 挺有吸引力	B. 偶尔会购买促销商品	C. 视个人需要决定	D. 不能
(10) 在购物过程中出现纠纷（如退换货、维修等)，屈臣氏的处理态度如何？(　　)			
A. 很好，积极处理	B. 故意拖延时间	C. 推卸责任	D. 不予理会

表 9-8 客户关系管理公司员工调查问卷

亲爱的先生/女士：
感谢您参与客户关系管理的调查。您所提供的资料将被用于客户关系管理发展的研究。麻烦您花费宝贵的时间来完成这份问卷，非常感谢您的合作！
(1) 贵公司目前使用的客户关系管理软件是哪一种？(　　)
A. 专业客户关系管理软件　B. 一般的客户服务网页 C. 一些没有联网的计算机　D. 没有任何软件
(2) 贵公司的管理层是否支持客户关系管理计划？(　　)
A. 100%支持　B. 50%支持 C. 他们不在乎　D. 他们不知道客户关系管理
(3) 您认为定期维护、更新客户系统资料是否重要？(　　)
A. 非常重要　B. 重要　C. 不确定　D. 不重要
(4) 贵公司是否对客户进行分组？(　　)
A. 是　B. 否
(5) 您用哪种方式联络您的客户？(　　)
A. 电子邮件　B. 书信　C. 电话　D. 面谈
(6) 贵公司是否向全体员工提供在客户关系管理方面的培训？(　　)
A. 是　B. 否
(7) 贵公司是否与员工、供应商、客户有足够的沟通？(　　)
A. 是　B. 否
(8) 贵公司可以接受的 CRM 投资是多少？(　　)
A. 8 000 元以下　B. 1 万元以上　C. 更多
(9) 您认为 CRM 实施的障碍是什么？(　　)
A. 经济　B. 法律　C. 文化　D. 其他
(10) 您认为评价一个 CRM 产品应该考虑哪些方面？(　　)
A. 功能　B. 实用性　C. 可靠性　D. 成本
(11) 您会根据客户的意见去改变客户关系管理的策略吗？(　　)
A. 会　B. 不会
(12) 贵公司使用客户关系管理的目标和主旨是什么？
(13) 描述一下客户关系管理在贵公司的执行过程、步骤。
(14) 在执行客户关系管理过程中，贵公司所面临的挑战有哪些？
(15) 客户关系管理能否帮助您在产品和客户服务中提供更好的方案给您的客户？
(16) 客户关系管理是如何影响您做出市场决策的？

3. 分析屈臣氏实施 CRM 失败的原因

(1) 屈臣氏的顾客 80%是二三十岁的女性，由于该年龄段女性对于年龄等个人信息的敏感和生活节奏快，她们不愿意花费时间在公共场合填写个人信息；而且屈臣氏的会员没有普通超市会员人数那么多。这样一来，尽管屈臣氏费时费力却收集不到完整且准确的数据，更无法基于这些基础信息推出精准有效的促销等推广活动。所以，屈臣氏的第一次会员卡推广活动以失败告终。

（2）会员卡的包装和制作较为简陋，“会员须知”、顾客所能享受的优惠及会员专属政策大都通过宣传单或者店员告知，这使得顾客对屈臣氏实施的 CRM 缺乏重视。

4. 制定相应的对策，保证 CRM 的实施

（1）针对年轻消费者，采用线上注册资料奖励积分的方式，收集完整且准确的信息。在收集到个人信息之后，开发“促销引擎”系统，专门针对顾客各种消费情况实行不同的促销方式，比如根据每单总价、某特定品牌的购买数量或金额等为会员提供多倍积分、现金减免、折扣、赠品等。

（2）针对女性顾客的购物习惯，在会员中推出生日月、妇女节、情人节双倍积分的制度；针对女性顾客多半喜欢结伴逛街的特征，推出买两件商品享受折扣等促销方式。

（3）利用 CRM 数据分析技术，细分目标顾客。在 CRM 信息系统管理方面，屈臣氏可进一步按照不同的消费群体进行区分管理，收集客户数据并进行分析，从而了解大众的消费取向。

（4）采用多渠道宣传模式。屈臣氏的店内宣传做得很好，特别是采取长期、短期相结合的打折模式，部分长期打折的商品营造了一种便宜实惠的氛围，从而提高了顾客忠诚度。但其店外宣传还应做到以下几点：到其定位的客户群体经常去的地方做宣传；对其所拥有的网站进行定期更新，将店内的近期活动、调整变化等相关信息放到网上，以加深消费者对其的了解；通过互联网、移动通信系统等信息传播系统实现与消费者的互动。

（5）与供应商协作，实现顾客、供应商与企业自身的多赢。在屈臣氏换购品活动上，采取与供应商协作的方式，让供应商提供部分换购品或利用自有品牌商品做换购品。这样一方面可以对供应商品牌产品做很好的宣传，另一方面可以提高屈臣氏自有品牌的知名度。

项目总结

通过本项目的学习，美仪意识到传统的客户关系管理越来越显现出其局限性，已经远远不能满足企业和客户的需要。电子商务环境下的客户关系管理应该涉及企业的整个工作流程，包括前台与客户的接触（客户营销、销售与服务等）、中端的客户分析决策（客户数据分析与决策）以及后台的客户信息应用（主要是企业的生产和研发等），这样才能帮助企业寻找更多的市场机会，拓宽企业的商业渠道，提高客户的满意度及忠诚度。同时，它还应该扩展到企业生产、财务、研发、技术服务等各个部门，有效地联结企业内部各部门，以显著提高企业整体的运行效率。

知识拓展

阿里店小蜜

阿里店小蜜是阿里巴巴推出的商家版智能客服机器人，2016 年 8 月 1 日第一版上线，2016 年 12 月 27 日开启公测，2018 年 8 月 13 日 1.0 正式版上线。其主要的智能接待模式包括全自动模式和智能辅助（半自动）模式。

1. 全自动模式及接待逻辑

全自动模式是阿里店小蜜主要的接待模式，有人工优先、助手优先、混合接待三种接待方式。当客户提出的问题，店小蜜无法理解或命中到全自动设置的直连人工场景时，客户被转接到人工客服继续接待，以下是店小蜜的后台运作逻辑。

第一步，千牛把客户分流至全自动机器人。

第二步，机器人自动发送欢迎语和快捷卡片。

第三步，意图识别客户问题并回复。

第四步，无法理解或命中全自动设置的直连人工场景无缝转接人工，在转人工时可核照意图识别转接人工售前或售后。

第五步，可以通过查看接待过的客户找到转人工失败的客户，手动分配给客服（转人工失败的情况一般在任何客服都不在线或挂起时才会出现）。

2. 智能辅助模式（半自动）及接待逻辑

智能辅助模式包括自动回复和推荐回复两种模式，实际上还是由人工客服接待客户。智能辅助模式主要有两个特点：

（1）代替客服自动回复。对高准确率匹配问题进行自动回复，客户端仍显示人工客服账号回复，回复内容来源于自动挖掘的客服常用话术和店小蜜知识库。

（2）推荐回复话术供客服选择。当精准度不满足自动回复条件时，智能辅助模式给客服提供推荐回复，回复内容来源于店小蜜知识库、自动挖掘的客服常用话术和自学习全店聊天记录。

在下列场景中，推荐使用阿里店小蜜智能接待模式：

（1）在客服下班后，开启全自动模式，选择人工优先模式，无须电脑挂机。目的是及时响应，保障询单转化，减少客户因为等不及而转移到别的店铺购买的情况。

（2）同时接待 5～10 人。开启智能辅助模式，无须关闭全自动模式，选择人工优先模式即可。目的是缩短客服响应时长，提升询单转化率，让客户感知是同一个人在服务。

（3）同时接待 10 人以上。开启全自动模式，选择助手优先模式，同时开启智能辅助模式。目的是降低店铺的人力成本，让重复、简单的问题由全自动模式答复，把疑难问题转接人工接待，人工接待过程中的简单问题由智能辅助模式自动或推荐答复。

巩固练习

请按照下面的模板，设计一份个人网店的客户关系管理方案。

个人网店的客户关系管理方案

一、网店介绍
店铺名称：
店铺网址：
商品类目：
目标客户：

续表

二、个人网店客户开发方案
客户开发的策略：
三、个人网店客户信息搜集
如何搜集网店中的客户信息？
搜集的客户信息包含哪些内容？
四、个人网店客户投诉管理
客户投诉处理流程：
客户投诉处理方法：
客户投诉处理技巧：
提高客户满意度的方法：
培养客户忠诚的方法：
五、个人网店流失客户管理
流失客户的原因：
减少客户流失的方法：

参考文献

[1] 龚芳．网店客服［M］．北京：中国轻工业出版社，2020.

[2] 王红红．电子商务经典案例分析［M］．北京：化学工业出版社，2020.

[3] 陈德人．电子商务概论与案例分析：微课版［M］．2 版．北京：人民邮电出版社，2020.

[4] 廖宵．电商训练营：网店客服［M］．北京：人民邮电出版社，2019.

[5] 淘宝大学．网店运营：提高版［M］．北京：电子工业出版社，2018.

[6] 叶小荣．微商电商直播：经典案例＋最新方法＋实用技巧［M］．北京：清华大学出版社，2018.

[7] 淘宝大学达人学院．淘宝直播运营与主播修炼手册．北京：电子工业出版社，2017.

[8] 金迹人．移动社交微电商营销：从入门到精通［M］．北京：人民邮电出版社，2017.

[9] 盘红华．电子商务客户服务．北京：北京理工大学出版社，2016.

[10] 黄成明．数据化管理：洞悉零售及电子商务运营．北京：电子工业出版社，2014.

附录1

品牌说明书模板

品牌名称	
品牌核心价值	
品牌定位	
品牌主张	
品牌形象	
行业地位	
商品风格	
目标消费群体	
品牌现状诊断	

附录2

促销活动执行手册模板

活动名称	
活动形式	
活动主题	
活动内容	
活动目标	
活动细则	
活动资料	
简明流程	
标准回复	
注意事项	
备　　注	

附录3

客服沟通基本术语模板

欢迎语	基本问候	您好！欢迎光临××××，很高兴为您服务，有什么可以为您效劳的？
	自我介绍	您好，欢迎光临×××××××，我是客服××，很高兴为您服务。
	忙时	您好，欢迎光临×××××××官方旗舰店，我是客服××，很高兴为您服务。很抱歉现在咨询的人比较多，请耐心等待。 关于尺码问题，您可以参考宝贝下面的尺码表进行选择。 关于产品情况，宝贝描述页面都是有说明的，您可以先详细看一下宝贝描述。 活动期间询问的客人非常多，回复慢了，请亲谅解，亲可以留言，稍后我们会一一给您解答。
	推广活动	您好，欢迎光临×××××××，聚划算活动火爆进行中。 本日促销产品为×××××。 尺码正常，请您按照正常码购买。产品问题请先看宝贝描述。 发货时间为 48 小时内，默认快递韵达，如需选择圆通、EMS 请自行备注。 支持快递：韵达、圆通（3～5 天可到货）、EMS（全国可到，7 天左右到货）。 具体派送时间以快递公司派送情况为准。 祝亲团购愉快！谢谢支持！
尺码	正常	您好，本款××尺码经试穿是正常码，您按平常的尺码进行购买就可以了，祝您购物愉快！
	偏小	您好，本款为修身版，建议苗条的顾客按正常码购买、丰满的顾客按大一码购买。祝您购物愉快。
质量	正品	您好，您当前访问的网站为×××××××中国总代理授权的官方商城，所售产品均为正品，请放心购买。
	质量保证	这个您放心，我们在出货前都会全方位检查，确保没质量问题才会给您寄货。
	色差	由于显示器不同，以及每个人对颜色的感知不同，所以有色差是难免的，如果亲对颜色要求非常苛刻，请谨慎选购。
	褪色	我们采用的是环保染色剂，因固色中没有采用化学物品，在穿着过程中受热、布料第一次洗涤时会有点褪色，是正常现象哦。

续表

议价	不议价	非常抱歉不能帮到您，我们正在做促销，所有产品均是零利润赚个吆喝，希望您能买个称心，议价的话我们就真的是伤不起了。
	邮费议价	亲，运费也是快递公司收取的，我们现在只是代收，我们已经尽力与快递公司谈到一个比较合适的价位了，所以运费是不能减免的，请亲理解。
	性价比	您好，本店不惜低于成本价销售，就是为了让更多的消费者体验到我们×××××××的品质以开拓市场，亲可以放心购买的。 我们是国际品牌，材料都是进口的，款式也是由知名设计师精心设计的，不管是材质还是设计都是很独特的，这个价格绝对是物有所值。
付款	付款方式	您好，请您进入我们的产品页面，步骤如下： （1）点击“立即购买”，进入确认订单界面； （2）点击“提交订单”； （3）选择付款方式，按提示完成付款。
	催付款	您好！感谢您对×××××××的支持和厚爱，您已经成功拍下我们的优惠套餐，请您尽快完成付款，三天后未付款交易会自动关闭，喜欢的话请尽快完成付款，我们好第一时间为您安排发货。
	邮费提示	请确认宝贝尺码和颜色后再拍下，以免造成换货麻烦。包邮产品非质量问题产生的退货行为，邮费由客户承担。
	改价	价格已经为您修改好了，您及时付款就可以了！收到您的款后我们会尽快为您安排发货的！
物流	送达	每天15:30发货。15:30后生成的订单于第二天发货。周日不发货。配送时间以各快递公司配送时间为准，订单发货当天不计算在配送时间内。 支持快递：圆通、韵达、EMS。 因天气或其他不可抗力导致的送货延误，敬请谅解。 活动期间，所有产品72小时内发货。
	不能送达	很抱歉，您指定的送货地点，我们合作的快递公司不能送达，建议您使用EMS。
确认	核对信息	您好，您购买的产品货号为______，颜色为______，尺码为______，产品价格为______，您的收件地址为：____________，联系电话为：____________，请确认。
结束语	成交	谢谢亲的选择和支持，在您收到宝贝后有任何问题记得联系我们，相信我们的售后会给您满意的答复。请不要轻易给中差评伤害彼此的缘分，祝亲生活愉快！
	未成交	很抱歉小店没能让您购买到满意的产品，您可以收藏本店铺，及时关注我们的更新，以便买到满意的产品。

附录4

销售辅助手册模板

服装常用面料	
棉	棉乃取自棉籽之纤维，通过采摘处理、轧棉、拼条、精梳、粗纺、精纺成棉纱，再由棉纱织成棉布。 优点：天然纤维，不刺激皮肤，具有优良的穿着舒适性，手感柔软，吸汗、透气、无静电。 缺点：易皱，洗后需要马上晾起，晾前抖一抖可以减少褶皱；会缩水，初次洗涤会有轻微缩水；易褪色，应避免日晒，反面洗涤可以有效减少褪色。 保养注意事项：棉纤维的弹性较差，应轻柔洗涤，避免暴晒，最好用冷水洗涤。
亚麻	亚麻是人类最早发现并使用的天然纤维。亚麻制品表面光洁，面料紧实。 优点：吸湿性好，凉爽透气，耐脏，强度高，抗虫蛀。 缺点：弹性差，易起皱，易缩水，易掉色，花色比较单一。 保养注意事项：勿长时间浸泡，勿绞拧，勿暴晒，防潮。
蚕丝	蚕丝是高档面料，有“织物皇后”之称。 优点：透气，光泽好，弹性佳，色彩丰富。 缺点：易皱，怕晒，易发霉，怕虫蛀。 保养注意事项：单独冷水手洗，勿绞拧，勿压。
羊毛	羊毛是天然动物纤维。 优点：高吸水性，穿着非常舒适，保暖性好，耐用性好，有很好的外观保持性。 缺点：会缩水，容易被虫蛀，经常摩擦会起球。若长时间置于强光下会令其组织受损，且耐热性差。 保养注意事项：宜干洗，不宜机洗，不能漂白。
羽绒	羽绒是一种动物性蛋白质纤维，比棉花（植物性纤维）保温性强，且羽绒球状纤维上密布千万个三角形的细小气孔，能随气温变化而收缩膨胀，产生调温功能，可吸收人体散发流动的热气，隔绝外界冷空气的入侵。 保养注意事项：不可干洗，一定要手洗，将洗涤剂溶入30℃的温水中，再将羽绒服放入其中浸泡一刻钟，然后用软毛刷轻轻刷洗；羽绒服洗好后，不能拧干，应将水分挤出，再平铺或挂起晾干，禁止暴晒；晾干后，可轻轻拍打，使羽绒服恢复蓬松柔软。
粘胶纤维	粘胶纤维又叫人造丝、冰丝，是一种以棉或其他天然纤维为原料提纯出的再生纤维，有棉的本质、丝的品质。

续表

莫代尔	莫代尔是一种纤维素纤维，是纯正的人造纤维。莫代尔面料非常柔软、有光泽，有着良好的吸湿能力，干爽、透气，且具有天然的抗皱性和免烫性。
竹纤维	竹纤维是从自然生长的竹子中提取的纤维素纤维，是继棉、亚麻、蚕丝、羊毛后的第五大天然纤维。竹纤维具有良好的透气性、瞬间吸水性、耐磨性和良好的染色性，有天然抗菌、抑菌、除螨、防臭和抗紫外线功能。 保养注意事项：可水洗、干洗，常温洗涤，不能高温浸泡；手洗时不可来回强力揉搓，机洗时不能脱水；清洗后在通风避光处晾干即可，不能暴晒。

附录5

客户服务手册模板

目　录

二、质量问题
三、尺码问题
第七章　沟通技巧
一、关于售前
二、关于售中
三、关于售后
第八章　化解非好评
第九章　如何面对服务挑战

第一章　总则

（1）为使本企业人事作业规范化、制度化和统一化，使企业员工的管理有章可循并提高员工的工作效率、责任感和归属感，特制定本手册。

（2）本手册适用于本企业正式员工、短期合同工、借聘人员和实习员工，员工应认真学习并服从管理。

（3）此版客服手册系试行版。伴随着企业的发展与经营环境的不断变化，本手册中规定的政策有可能相应地修订，如有任何政策的变动我们都将及时通知您。您若有不明确的地方，请提出自己的疑问。

第二章　企业简介

一、企业概况（略）
二、企业文化
（1）企业宗旨：（根据企业具体规定填写完成）。
（2）企业目标：（根据企业具体规定填写完成）。
（3）企业精神：（根据企业具体规定填写完成）。
（4）企业使命：（根据企业具体规定填写完成）。
（5）企业理念：（根据企业具体规定填写完成）。
（6）用人原则：（根据企业具体规定填写完成）。

第三章　客服行为准则

一、作息时间（略）
二、工作规范及制度（略）

第四章　客服操作流程

一、宗旨与目标
宗旨：以客户为中心，提供更多、更贴心的服务。

目标：快乐购买，让每个人享受购物的乐趣。

二、客服基本要求

（1）打字速度为 50 字/分钟。

（2）熟悉淘宝网基本操作，反应敏捷。

（3）贴心、细心、耐心。

（4）了解、掌握产品的款式、细节。

（5）主动了解客户需求，掌握沟通技巧。

（6）巧用快捷键、快捷语、旺旺表情。

三、服务流程

（1）欢迎语（略）。

（2）宝贝介绍（略）。

（3）活动告知（略）。

（4）订单确认（略）。

（5）收藏店铺（略）。

四、服务过程中的注意事项

客服在服务时要避免发生以下问题：

（1）直接拒绝客户或与客户发生争吵。

（2）回复过于简单，缺乏耐心。

（3）不正面回答客户问题，回复不靠谱。

（4）订单未确认，交流过程中关闭聊天窗口。

（5）不按服务流程为客户服务。

五、淘宝网后台操作（略）

六、后台界面

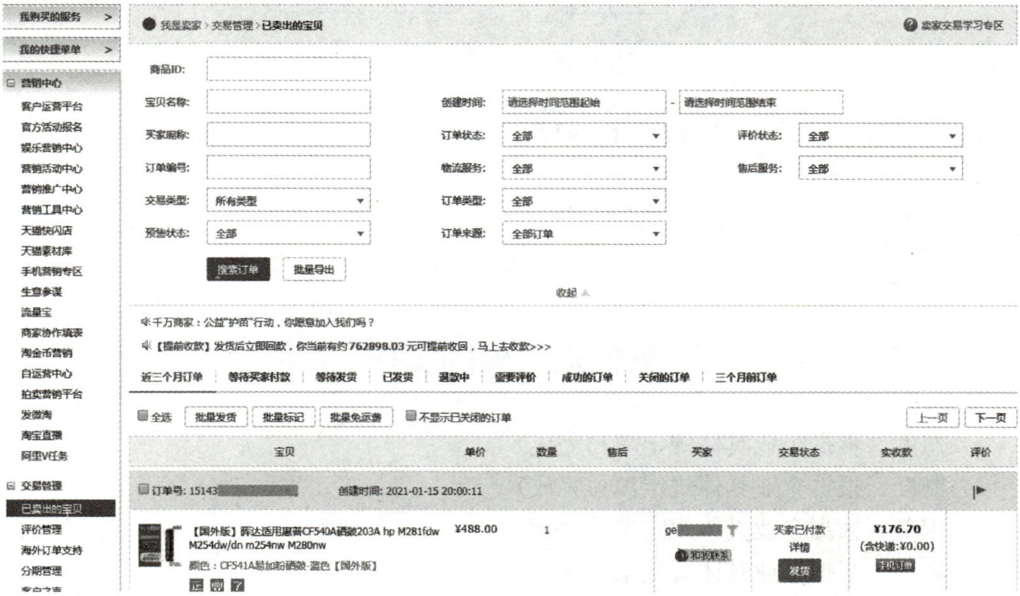

后台界面

七、退款流程图

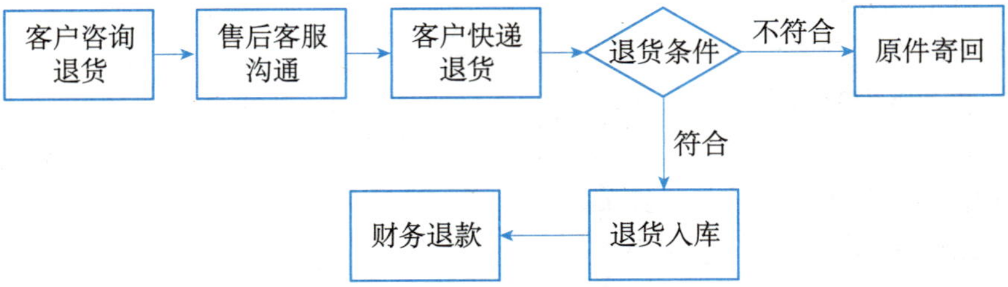

退款流程图

八、客户购买流程图

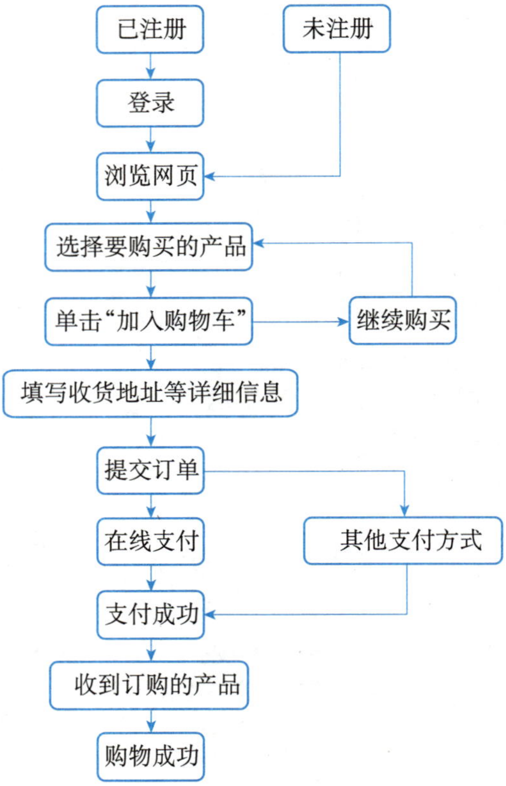

客户购买流程图

第五章　你的工作

一、态度（根据企业具体规定填写完成）

二、制度（根据企业具体规定填写完成）

三、细节（根据企业具体规定填写完成）

四、心态（根据企业具体规定填写完成）

五、爱心（根据企业具体规定填写完成）

第六章　如何面对客户刁难

一、客服与客户（根据企业具体规定填写完成）
二、质量问题（根据企业具体规定填写完成）
三、尺码问题（根据企业具体规定填写完成）

第七章　沟通技巧

一、关于售前（根据企业具体规定填写完成）
二、关于售中（根据企业具体规定填写完成）
三、关于售后（根据企业具体规定填写完成）

第八章　化解非好评

（根据企业具体规定填写完成）

第九章　如何面对服务挑战

（根据企业具体规定填写完成）